Le Voyage En Soi

Hassan T. - Malika L. – Quentin M.

SOMMAIRE

SOMMAIRE

REMERCIEMENTS

Nous profitons de ces quelques lignes pour remercier toutes les personnes qui nous ont encouragés, inspirés, écoutés et aidés dans ce long projet. Ce livre qui est parti d'une simple idée et qui a créé une amitié entre trois personnes qui ne se connaissait pas du tout.

Ce que vous apprêtez à lire est le résultat de nombreux mois à construire un projet commun sans nous connaitre et nous a permis de créer une recette personnelle d'écriture d'un livre.
La recette est très simple : un bol de nuits blanches, un litre de réunions, plusieurs cuillères à café d'idées, une pinte de désaccord, une pincée de réécriture et assaisonnez généreusement le tout de moments de rire ensemble. Les autres ingrédients sont secrets et si vous voulez les connaitre, partez à l'aventure et vous les découvrirez à votre tour.

Ce livre est un travail collectif et nous espérons que vous apprécierez sans modération cette œuvre qui fait notre fierté à tous les trois.

Partie 1: Hassan

Chapitre 1 : Cerf blanc

C'était l'automne. Dans une dense futaie, je contemplais le paysage avec un sentiment de nostalgie. Les oiseaux chantaient et tourbillonnaient avec le vent. Le feuillage des arbres se balançait à une allure hypnotique. Une quiétude à en faire arrêter le temps.

J'essayais de marcher en prenant mon temps, profitant de l'élégance de cette nature qui s'offrait dans la forêt paradisiaque dans la vallée de Szalajka. Il était plus profitable de tenir l'intellect en bride afin de laisser les sensations parler à la place. Je m'approchai d'un arbre magnifique aux couleurs automnales, je le fixai, intrigué par sa forme, et je sentis à cet instant, intuitivement, que quelque chose de spécial m'attirait. Je ressentais le besoin d'aller me confronter à ce mastodonte naturel et centenaire. Cette intuition me plongea dans une sorte de curiosité inexplicable, d'une raison qui surpasse l'entendement, mais pourtant, cela semblait naturel.

Cette curiosité me rappela à quel point les choses simples sont primordiales. A quel point l'être humain d'aujourd'hui a la propension de donner de l'importance aux choses vaines, sans réel apport ni à soi ni même à l'autre. C'est vrai, ce n'est qu'un arbre, on en voit tous les jours et pourtant celui-ci en particulier m'attirait, je voulais le voir de près, de mes propres yeux et je sentais que ne pas le faire serait synonyme de remords. Je n'avais jamais eu l'occasion d'observer un arbre de près et me rendre compte de la prouesse réalisée par ces géants de la nature. Juste avant ma balade, j'avais même appris un nouveau terme: la timidité des cimes: quelques espèces d'arbres souffrent d'une certaine timidité et laissent quelques dizaines de centimètres de vide appelés fente de timidité pour se séparer de leurs voisins et ne pas laisser leurs branches se mélanger. Et c'est justement parce que j'observais cette fente de timidité que je trouvai « par hasard » cet arbre imposant.

Profitant de ce moment de réflexion, j'expérimentai comme une sorte de purge de l'esprit, comme une ré-oxygénation, balayant tout ce qui dans ma vie ne valait pas le coup d'apporter mon énergie inutilement et je gardai les plus belles choses entreprises dans mon existence: l'enseignement, aider mon prochain, l'ingénierie dans différents domaines, les différents projets que j'avais menés, les leçons apprises, celles appliquées et les personnes rencontrées…
Je ressassais tout ce chemin accompli et j'eus un moment de rire: ce n'était pour moi que le début de ma lancée, et j'avais tellement à apprendre et à faire découvrir aux autres que je ne pus m'empêcher d'esquisser un sourire niais mais empli d'une profonde gratitude. J'appliquai les conseils d'un ami très proche et j'utilisai ce court mais intense moment pour écrire toutes ces pensées positives comme pour créer un totem me protégeant des ondes négatives. Le temps s'était arrêté, je passai de longues minutes à me

remémorer chacun de ces moments et je les écrivis comme si je voulais les conter à une foule.

Presque quarante minutes s'écoulèrent… Finissant de noter tous ces moments, je ressentis comme un sentiment de délivrance.
Après un court instant à observer aux alentours, je me remis en route sans destination précise, déambulant au beau milieu de ce décor que je ne connaissais pas mais qui pourtant me donnait cette impression de déjà-vu, peut-être comme dans une de ces scènes de films hollywoodiens où les protagonistes se retrouvent dans des lieux fantastiques. J'avais cette même impression de cette forêt et pourtant je n'étais jamais venu avant.

« Bon, il va falloir que je bouge sinon on ne va pas en profiter à 100% de la vue d'en haut avant qu'il ne fasse nuit », me dis-je. C'est vrai, j'ai toujours cette tendance à vouloir maximiser une expérience, très certainement de peur de n'avoir qu'une chance pour le faire. J'aime découvrir tant de choses que je me retrouve souvent comme dans un buffet à volonté: j'aimerais tout savourer mais mon estomac n'est pas illimité. Cela en est de même dans mon rapport avec les expériences de vie, mon temps est limité et je ne peux pas tout tester, du coup j'essaie toujours de profiter d'une expérience unique (disons une sorte de « à profiter ou c'est perdu »). C'était valable pour cette balade en forêt, je voulais profiter de l'entièreté du paysage et de la beauté que me procurait cette balade. Bien que ce moment d'introspection et de relâchement fût bénéfique pour moi, je décidai de profiter du moment présent et de terminer cette balade en grande pompe.

Cheminant un bon bout de temps, étonnamment, je tombai sur un lieu étrange bordé de vestiges. Peut-être était-ce un temple d'une époque très ancienne ? En tout cas, cet endroit revêtait l'apparence d'une âme oubliée. Avec mon penchant curieux, j'avais l'envie de découvrir ses secrets. Je me sentais comme un explorateur découvrant ses premiers vestiges: le temple, l'atmosphère, le cadre, les pierres et le silence environnant me transportaient dans mes souvenirs de jeunesse avec les aventures d'Indiana Jones.
Voulant l'imiter, je scrutai méticuleusement les moindres détails des restes de pierres. Il y avait tout un ensemble de symboles inintelligibles. On aurait dit des symboles celtiques. Le soleil étincelait de ses plus beaux rayons et j'assistais à un très charmant spectacle presque fantastique. Et en plus c'était gratuit.

Une silhouette de cerf blanc au loin attira mon attention, du côté du soleil radieux, l'air de me faire signe du sommet de la falaise derrière les vestiges. Je me laissai tenter à l'idée de le rejoindre. C'était comme si mon cœur et mes tripes me poussaient à le faire. Je m'exécutai sur le champ. « De toute façon j'avais prévu de monter au sommet, du coup d'une pierre deux coups: je serai au sommet et si j'ai un peu de chance, le cerf sera à côté », pensai-je.

Perdu encore dans mes pensées à me remémorer pourquoi j'aimais l'expression « d'une pierre deux coups », je montai avec hâte vers le sommet, ignorant parfois la douleur de mon genou que j'avais eu la bonne idée de blesser dans ma jeunesse. Mais en me

rapprochant, la silhouette révéla de jolies couleurs éclatantes. Ignorant une deuxième fois la fatigue, je poursuivis ma route d'un enthousiasme olympien.
La silhouette commençait petit à petit à dessiner des formes particulières.
- Mais qu'est-ce donc cette chose ?
Pressé de le savoir, j'accélérai le pas. Soudain, une voix de vieil homme me surprit:
- Mais où allez-vous comme ça ?
Je tournai la tête à droite et vit un homme d'un grand âge sur un rocher, il avait une grande barbe grisonnante et était vêtu comme ces aventuriers de l'extrême aux grands sacs à dos. Il avait l'air bien entretenu malgré la vieillesse.
- Voyons, du calme jeune homme. Nul besoin de se précipiter, ici c'est un endroit paisible et somptueux.
- J'allais rejoindre le cerf en haut de la falaise.
- En haut de la falaise ?
L'homme se retourna nonchalamment.
- Oh vous voulez parler de cet arbre ? Il est d'une extrême magnificence n'est-ce pas ?
Il m'avait perdu, je lui parlais d'un cerf, il me parlait d'un arbre…
- Euh… non. Je parlais d'un cerf avec des bois immenses que j'ai aperçu au loin, j'étais curieux de voir la vue au sommet et surtout je n'ai croisé personne depuis le début de ma balade.
- Etes-vous sûr que ce n'est pas cet arbre qui vous a attiré ici ?
- Oui quand je l'ai vu au loin, mais moi je cherchais un cerf qui me paraissait étrange.
- Étrange ?
- Oui, c'est un cerf blanc. Je n'en avais jamais vu avant, en plus il était vraiment imposant, j'aurais aimé

le voir de plus près.
- Pas facile de se rapprocher de ce genre de bête surtout en cette période, c'est le temps du rut, les jeunes cerfs sans harde vont partir à l'aventure, oubliant toute prudence pour conquérir leurs femelles. Ils sont anormalement violents, d'où le fait que peu de personnes se risquent dans cette partie de la forêt à cette période de l'année. Vous étiez au courant avant d'entrer ?
Je le regardai, d'un air innocent, et lui répondis en rigolant à moitié:
- Non, pas du tout, je n'ai pas fait attention aux panneaux et rien n'indiquait que je devais éviter cette zone alors je me suis dit « pas interdit, donc autorisé ».
- Eh bien, je ne sais pas si on peut dire que vous êtes un jeune homme inconscient ou optimiste sachant le nombre d'accidents chaque année.
- Je pourrais en dire autant de vous, si vous savez que c'est dangereux dans les parages, pourquoi être venu ici ?
- Pour cet arbre, je ne peux m'empêcher de venir me poser ici à chaque fois que j'en ai l'occasion. De plus, il y a peu de personnes en ce moment donc je peux profiter de ce spectacle tout seul car je n'ai pas besoin de guide ou de carte. Et vous, c'est l'arbre ou le cerf qui vous a attiré ?
- Je ne saurais dire, au premier abord c'est l'arbre qui a attiré mon attention, difficile de rater ce mastodonte, un peu comme un éléphant au milieu de buffles. Mais j'ai aussi aperçu le cerf blanc et je ne voulais pas rater l'occasion de le voir. Ce genre d'opportunités ne se représente que très rarement.
- C'est vrai que cet arbre est bien particulier et je pense que le cerf blanc vous y a emmené sans même

que vous vous en rendiez compte. Des nombreuses fois où je suis venu, je l'ai toujours aperçu aux abords de cet arbre.
- Pourquoi ?
- Eh bien sachez que cet arbre est le patriarche de cette forêt. Il a bien des années derrière lui. On dit dans une légende que ses racines puisent leur source depuis le noyau de la Terre et que son élévation se dirige tout droit vers la maison de Dieu, que cet arbre détient la vérité des choses cachées. C'est si poétique. Voyez, les arbres ont deux enracinements: terrestre et cosmique.
- Cosmique ?
- Ce que je vous dis n'a rien de scientifique mais dans les différentes traditions et folklores, on parle d'un arbre prenant ses racines au centre du monde: l'arbre Kien-Mou dans la tradition chinoise, l'Arbre sacré chrétien ou encore Yggdrasil dans la légende nordique. Dans toutes les traditions, nous trouvons un arbre qui a ses racines allant jusqu'au centre du monde. Une légende des environs raconte que cet arbre serait une des graines descendantes de ces légendes et que son savoir est connecté mystérieusement au champ spirituel du monde et a accès à des connaissances profondes. Savoir qui peut être compris si vous apprenez à lire les signes. C'est bon à savoir n'est-ce pas ?
- Oui, dans un certain sens. Mais de quelle légende avez-vous tiré cette histoire ?
- Aucune idée, ce sont les aînés du village à côté qui la racontent aux enfants soit pour les émerveiller soit pour leur transmettre une histoire importante.
- Un peu difficile d'avoir un arbre qui puise dans le noyau de la Terre…

- Haha, vous êtes juste trop rationnel, les légendes ne se fondent pas seulement sur des faits logiques qui peuvent s'expliquer. Ce sont des histoires racontées par nos ancêtres, mêlant fantaisie et réalité, bien souvent exagérées, mais partant toujours d'une vérité. Nous nous transmettons ces légendes non pas pour la frime ou pour le plaisir mais pour se souvenir, se souvenir des autres, se souvenir d'un monde ancien qui était celui de nos ancêtres, qui est le nôtre aujourd'hui et sera celui de nos descendants. Qui cela intéresse-t-il de savoir si un arbre a des racines qui puisent dans le noyau de la Terre ? Personne. C'est une métaphore, une métaphore qui a pour but de laisser notre imaginaire sonder.
- Sonder quoi ?
- Ce que nous voulons croire, là maintenant vous et moi voyons un grand arbre magnifique qui surplombe cette forêt, mais peut-être qu'il y a des siècles, voire des millénaires, des gens vénéraient cet endroit, se recueillaient ou bien même construisaient un nouvel havre de paix. Laissez de côté vos jugements et votre raisonnement logique, et appréciez cette bonne vieille légende qui peut, je l'espère, vous apporter un peu de cette sagesse universelle, Hassan.

Mon visage changea, passant de la curiosité à la méfiance. Je reculai de quelques pas pour observer tout autour de moi:
- Méfiant par nature, comme prédit
- Donc vous me connaissez ? D'où connaissez-vous mon prénom ?
- La nature a une mémoire bien plus grande que la vôtre, jeune homme, je sais qu'on vous a déjà dit que vous avez une bonne mémoire mais la nature possède

un savoir et une expérience vieux de plusieurs milliards d'années. Bien que vous soyez intéressé par le cerveau humain, la nature est tout aussi complexe et fascinante. Vous pensez que je vous connais directement, ce n'est pas le cas mais la nature, elle, vous connaît depuis le début.
Surpris que le vieil homme sache des choses aussi précises me concernant, je ne pus m'empêcher de l'interroger:
- Et qu'est-ce que la nature vous a dit exactement sur moi ?
- La nature vous a observé depuis votre naissance jusqu'à ce moment, elle vous a observé lorsque vous avez eu vos moments difficiles, vos remises en question, vos challenges. La nature vous a envoyé des signes lorsque vous ne saviez pas comment vous échapper du cercle vicieux dans lequel vous étiez, elle vous a accompagné dans vos périples les plus sombres et les moments les plus importants que vous ayez connus. Vous la sous-estimez mais elle est bien plus présente et puissante que vous ne le croyez.
- Ce que vous me racontez reste juste de la spéculation, dans votre exemple vous pouvez remplacer la nature par un individu qui m'est proche ou même Dieu. Je ne connais pas vos opinions et vos croyances donc je vais m'abstenir de vous juger. Et si vous voulez me convaincre que la nature vous a parlé de moi, il faudra me donner plus de détails que ça. Parce qu'à défaut de ne pas entendre de preuves venant de la nature, on dirait plutôt que vous avez fait des recherches sur moi et je ne serai pas très conciliant avec vous si c'est le cas.

L'homme changea d'expression, d'un air souriant et

léger il se pencha, et d'un ton très sérieux rétorqua:
- Je vois que vous êtes méfiant de nature. Rassurez-vous, je ne suis pas une sorte de fou qui a fait des recherches sur vous, je n'en ai pas le temps. Nous ne nous sommes jamais vus et pourtant j'ai cette impression de vous connaître et comme une sorte d'action, de mission que je dois réaliser…
- Et qu'est-ce que cette mission ?
- Vous aider à vous lancer dans votre aventure.
- M'aider dans mon aventure ? C'est-à-dire ?
- Eh bien, si vous êtes ouvert à la discussion alors laissez-moi vous le montrer: vous n'êtes pas venu par hasard dans cette forêt, vous y avez été invité. Vous êtes à la recherche non pas du sens de votre vie mais plutôt de la direction que vous devrez prendre, vous avez certainement dû lire un ouvrage nommé *L'alchimiste* de Paulo Coelho. Vous avez longuement pensé à ce qui définit votre légende personnelle et vous êtes dans l'expectative: vous hésitez entre continuer dans votre voie actuelle et vous lancer dans les quelques activités qui résonnent dans votre tête en permanence.
Vous avez certainement eu de nombreuses propositions alors vous testez mais sans réelle conviction car vous recherchez ce qui vous fait vibrer, ce pour quoi vous êtes capable de faire des sacrifices. Vous êtes compétent dans votre métier mais pas passionné, vous êtes un débrouillard mais parfois, vous êtes fatigué de devoir toujours trouver les solutions. Aujourd'hui, vous êtes dans cette forêt car on vous a proposé un projet qui va vous demander beaucoup de temps et d'énergie personnelle mais qui vous permettra de partager votre expérience. Vous avez donc voulu faire une pause dans votre travail et

vos projets personnels, voyager vers de nouveaux horizons pour prendre le temps de souffler et de réorganiser un peu tout ce qui se bouscule dans votre tête. Vous appréciez les balades en pleine nature et vous avez été particulièrement attiré par cette forêt car vous y avez trouvé une certaine sérénité, vous exprimez votre gratitude. Envers qui ? Envers quoi ? Je pense que vous seul avez la réponse… Et vous qui aimez les détails, vous devriez reposer votre genou, vous avez tendance à le surmener et rien de bon n'arrive dans ce genre de moment.

Je restai muet pendant de longues minutes, cet homme avait vu juste… Chacun de mes doutes, de mes grandes questions, de mes appréhensions et de mes souhaits avait été énoncé avec une telle éloquence que chaque mot avait l'impact d'un marteau sur un clou. De ces paroles, une multitude d'émotions émergea: la curiosité, la surprise, la nostalgie, la colère, la tristesse et l'excitation se mélangèrent. Je repris mon souffle et demandai:

- Vous savez des choses que bien des gens ne savent pas, mais qui êtes-vous vraiment ?
- Jeune homme, qui je suis n'a pas de réelle importance, c'est plutôt qui vous êtes et ce que vous voulez devenir qui devrait vous intéresser. Je ne suis qu'un intermédiaire qui a déjà vécu son temps, en revanche vous n'êtes qu'aux prémices de votre aventure et vous avez encore tant de choses à réaliser.
- Un intermédiaire ? Vous avez été envoyé par quelqu'un ?
- Votre venue est peut-être un signe du destin, peut-être un hasard ou peut-être que quelqu'un a prévu un

plan pour vous et vous en êtes le principal protagoniste. Répondre à ces questions ne vous aidera pas pour la suite. Je ne suis qu'un vieil homme qui en sait long sur vous et qui, pris par un caprice, aimerait vous aider dans votre périple.
- Et comment pouvez-vous m'aider ? Vous connaissez mon passé et savez qui je suis mais êtes-vous capable de voir le futur ?
- Hélas, je ne suis pas devin, je ne peux voir le futur et c'est impossible même pour la nature. La seule certitude que je peux vous donner est la suivante: votre futur est composé soit des choix que vous faites soit des choix que les autres font à votre place.
- Alors comment pouvez-vous m'aider si je suis le seul capable de forger mon futur ?

Le vieil homme me tendit deux objets: un livre avec la couverture abîmée et une sorte de coffre. Le livre semblait être vieux et usé par le temps, en revanche le petit coffre paraissait tout neuf avec des ornements en or. Tapotant le coffre, il me regarda et relança:
- Vous lirez dans ce livre un conte assez intéressant: il y a fort longtemps, un jeune homme passait dans cette forêt à la recherche de quelque chose, lui-même faisait face à des choix cornéliens dans sa vie et il trouva conseil auprès de la nature.
Perplexe, je demandai:
- Auprès de la nature ? Comment a-t-il reçu des informations de la nature ?
- Je vous sens bien perplexe mon cher ami, vous pouvez interpréter la nature par autre chose si cela vous aide mais il n'y a pas de mot défini plus proche que nature dans ce conte. Pour revenir à mon histoire, cet homme a réussi à trouver conseil auprès de la

nature car il avait réussi à entrevoir les signes lui permettant de la comprendre.
- Et qu'a-t-il appris ?
- La nature lui indiqua que son périple commencerait à un certain endroit et qu'il devrait se rendre très loin de chez lui pour trouver la personne qui le guiderait à la réponse.
- Quel endroit ?
- Je ne sais pas, car la nature bien que généreuse se veut aussi mystérieuse.
- Je vois. Est-ce que la nature vous a donné un quelconque indice ou conseil me concernant ?

Je baissai la tête pour inspecter le livre et vit sur le coffre une phrase écrite, … « Le début se trouve à Budapest… »
- Donc vous m'incitez à aller à Budapest ?
- Je ne vous incite à rien, j'ai perçu quelque chose en vous et je vous donne un moyen de chercher vos réponses. Vous pouvez soit répondre à l'appel des péripéties soit décliner l'invitation et continuer votre voyage comme si rien ne s'était passé. Sachez juste que toute rencontre se fait à un moment précis pour un but précis, on décide soit de le comprendre soit de passer sans y faire attention.
- Mais si je viens à y aller, que devrai-je faire ? Et comment savoir si je suis sur la bonne voie ?
- Vous ne pourrez le savoir que si vous y allez. Le choix vous appartient, sur ce, je dois vous laisser. Espérons que nous puissions nous revoir dans d'autres circonstances.
Avant même que je puisse rétorquer, le vieil homme partit sans se retourner. Je voulus le rattraper mais mon genou, douloureux, me signifiait qu'il fallait un

peu de repos avant de se relancer dans une descente hasardeuse.

Je m'assis sur un rocher pour digérer tout ce qui venait de se passer. Le silence de la nature se mêlait à la multitude de pensées qui me traversait. J'étais mitigé sur cette rencontre: je brûlais d'envie de sauter sur cette occasion pour explorer une nouvelle piste mais je me sentais aussi refroidi par la méfiance car cet homme pouvait bien me manipuler pour me piéger. A ce moment-là, je jetai un œil sur la boite qui brillait sous les rayons du soleil. Un couple de papillons multicolores se posa dessus, et aussitôt partit pour rejoindre un ailleurs.
Une pensée me traversa:
- Si c'est le destin qui m'a amené là, voyons ce qu'il me dit de cette rencontre: je lance une pièce, si elle tombe sur pile j'embarque dans le train, si c'est face j'oublie tout cela.
Je lançai ma pièce et elle tomba sur la tranche. Etonné par le résultat, je retentai le lancer et elle tomba encore sur la tranche. Mon visage commença à légèrement grimacer, ce résultat était quasi improbable mais je décidai de relancer une troisième fois la pièce. Il était presque impossible de tomber une troisième fois sur la tranche… Je lançai la pièce plus forte que les deux premières fois, en me disant que dans ce cas précis, avec la force que j'avais mis, impossible de tomber sur la tranche. La pièce retomba juste à côté d'une fissure mais avec le rebond contre le rocher, elle tomba dans la fissure.
Stupéfait par ce résultat, j'étais hésitant entre le fait que le destin me rigolait au nez ou l'idée que c'était seulement une connerie: que ce qu'on appelle le signe

du destin n'était pas le résultat d'un « pile ou face » mais plutôt du choix que je me devais de faire. Une fois la digestion de cette rencontre terminée, je me relevai et décidai de rentrer à l'hôtel pour y réfléchir à tête reposée.

Chapitre 2 : Drôle de train

Après une longue nuit de réflexion et avec tous les éléments que j'avais vus et vécus, je décidai de partir à l'aventure. Me voilà donc à la gare de Budapest devant le quai du train mentionné par le vieil homme, attendant sa venue. Curieusement, il y avait beaucoup de monde qui attendait ce fameux train.

- Alors, cher ami, je suis content que tu sois là.

Cette voix semblait familière. Surpris, je regardai vivement à gauche, rien, puis à droite, et aperçus le vieil homme.

- Vous ?

- Eh bien, j'ai réussi à vous surprendre deux fois en deux jours. Je sens que je vais battre des records. En tout cas, je vois que vous avez finalement décidé de prendre le train.

- Oui. Il s'est produit quelque chose de bizarre après notre entrevue, j'avais donc envie de voir ce qui pouvait bien m'arriver en répondant à cet appel de l'aventure.

- Content de voir que votre âme d'aventurier s'est donc éveillée grâce à mon appel. Laissez-moi partager avec vous une dernière chose avant de nous quitter: lorsque vous entrerez dans le train, prenez le temps de lire le livre que je vous ai donné. La lecture sera un

peu compliquée au début mais vous vous adapterez rapidement à l'écriture un peu chaotique de son auteur. Et voici un présent que vous pourrez ouvrir une fois installé dans votre couchette.
Le vieil homme tendit une petite boîte usée de la taille d'une main, qui semblait être en mauvais état. Je pris soin de la mettre dans ma poche pour éviter toute maladresse. Le temps de mettre la boite en lieu sûr, je levai les yeux pour parler au vieil homme:
- Au fait, je voulais vous dire que…
L'homme avait disparu, je scrutai les environs, pas de trace de lui et je ne pus m'empêcher de sourire avec un marmonnement:
- Il faudra que je le remercie en bonne et due forme la prochaine fois.

J'entrai dans un wagon luxueux, très différent de ce que j'avais eu l'habitude de voir dans les trains de Paris. Les personnes à bord étaient toutes souriantes, avenantes et prenaient le temps d'apprécier le voyage. Je me rendis dans la couchette figurant sur le ticket, posai mes affaires et soufflai un bon coup. Que de péripéties depuis la rencontre avec le vieil homme ! Assis sur le lit, je pris le livre pour enfin le découvrir et les seuls mots visibles de la préface étaient:
« Bonjour toi, oui toi qui lis ces lignes, je te connais bien… Ne regarde pas ailleurs, c'est bien de toi dont il s'agit dans ce livre. Tu ne me connais pas encore mais tu comprendras vite alors assieds-toi et lis avec attention ce que j'ai à te transmettre. »

Intrigué par le début, je décidai de me lancer dans la lecture du premier conte:
« Il était une fois un jeune garçon qui, lors de son

enfance, fut confié à l'homme lui prédestinant un grand futur. Il grandit sans connaître ses origines, il apprit les fondements du savoir et comment devenir chevalier. Mais c'était sans compter sur la mort de ses parents biologiques et la disparition du vieil homme. Son avenir s'en trouva précipité: il dut répondre à l'appel de l'aventure pour accomplir son destin, pourtant le jeune homme ne savait pas du tout quoi faire ni où aller. Il apprit le dur labeur de la vie pour avoir une existence décente, il accepta n'importe quelle tâche quelle qu'en soit la difficulté afin de survivre [...].
Un soir de grande fatigue, le héros décida de se reposer dans une forêt avant de continuer son périple vers d'autres tâches ingrates. Il s'assit et n'arrêta pas de se poser des questions sur lui-même et les raisons de tout ce malheur, est-ce qu'il aurait pu changer l'issue de tout cela ? Autant de questions sans réponses qui restaient dans sa tête. Mais cette réflexion fut interrompue par la venue d'un cerf blanc dans les bois environnants. »

Un cerf blanc, me dis-je, tiens, on dirait ce qui est arrivé hier.

« Le jeune garçon, happé par la beauté de cet animal qui n'existait que dans les légendes et mythes, décida de le suivre pour l'apprécier d'encore plus près. Il suivit le cerf sur des lieues et tomba sur un arbre titanesque, bien plus grand que les autres. Le cerf s'y rendit pour se rafraîchir, il n'avait pas l'air d'être sur ses gardes, l'air de dire que rien dans cette forêt ne pourrait lui faire peur ou le menacer. Le jeune garçon s'approcha de plus en plus, jusqu'à faire le pas de trop qui alerta

de sa présence. Le cerf entendit le bruit et se tourna brusquement vers lui, le jeune garçon sortit de sa cachette pour montrer qu'il était inoffensif et par accident croisa le regard du cerf. Il fut choqué par ce qu'il voyait, le cerf se tenait majestueusement devant lui mais ne le considérait pas comme une menace. Au contraire, l'animal semblait lui indiquer de s'approcher, ce que le jeune garçon fit avec hésitation. Il remarqua qu'une entrée se dessinait au pied de l'arbre, il continua son chemin vers le pied mais le cerf se mit sur le chemin et une voix lui demanda la raison de sa venue dans ce lieu.

Le jeune garçon ne savait pas d'où venait cette voix et commença à se demander s'il délirait mais la voix se présenta en tant que « Voix de toute chose » et annonça qu'elle se manifestait seulement aux personnes désirant connaître leur destin. Le cerf s'approcha et le regarda droit dans les yeux:

- Tu cherches à savoir pourquoi on t'a abandonné et surtout quel est ce grand destin que l'on t'avait prophétisé n'est-ce pas ?

Le garçon acquiesça, trop intimidé par le cerf.

- Alors tu devrais te rendre dans la prochaine ville et prendre la calèche du marchand de légumes, il t'emmènera au point nommé où tout commencera pour toi. Aussi, tu devras monter tout en haut de la montagne voisine pour trouver un objet qui t'aidera dans ta quête. Tu peux le faire ou ne pas le faire, seul toi décide de répondre à l'appel de l'aventure.

Avant même qu'il ne puisse répliquer, la voix s'éteignit et le cerf s'éloigna sans regarder en arrière. Stupéfait, le garçon resta là à penser et décida de tenter l'aventure car tout ce qui lui restait était une vie de souffrance et de survie mais là, peut-être y avait-il une

chance de découvrir ce que son futur serait. Il se mit immédiatement en route vers son nouvel objectif [...]. Le voilà donc dans la ville voisine à bord de la calèche, prêt à partir, la Voix lui glissa quelques derniers mots pour le féliciter de sa lancée à la quête de lui-même. Confiant, le jeune garçon commença son voyage et découvrit l'objet qui attira la curiosité du marchand. C'était une lampe ancienne, et toute une discussion s'ensuivit. C'était le début d'une longue amitié et d'une longue aventure... »

Une annonce retentit, le wagon restaurant était ouvert et il y aurait un temps d'attente important pour les retardataires. Toute cette aventure m'avait ouvert l'appétit et un repas n'était pas de refus.

Assis à ma table attendant d'être servi, je décidai d'ouvrir la boite: il y avait un drôle d'objet rectiligne avec une sorte de crochet d'un côté et un poids de l'autre… On aurait dit une balance mais ayant un doute, mon téléphone allait m'aider: c'était bien une balance, plus spécialement nommée balance romaine qui fut inventée dans l'antiquité. Que faisait un objet aussi ancien dans cette boite ? Et pourquoi me l'avoir donnée ? Je restai là à regarder cet objet pour essayer d'en comprendre l'intérêt.
- C'est un drôle d'objet que vous avez là.
Levant la tête, je tombai nez à nez avec un serveur qui me souriait et me proposa le menu du midi. J'acquiesçai et voulus me remettre dans mes pensées lorsqu'il me demanda si je pouvais partager ma table avec une autre personne car le wagon était rempli. N'y voyant aucun problème, j'acceptai la demande et laissai la place pour cette personne.

Une dame, probablement la quarantaine, s'installa en face de moi:
- Merci, c'est très gentil de votre part, me dit-elle.
- Je vous en prie.
- C'est un bien bel objet que vous avez là.
- En effet, je découvre tout juste cette balance romaine et visiblement ça m'a l'air ancien.
- Vous l'avez achetée où ?
- On me l'a offerte, si je peux le dire comme ça.
- Ah vous avez bien de la chance, cela semble être un objet de valeur et on vous l'offre sans contrepartie, la personne doit beaucoup vous aimer.
- Je ne sais pas trop, disons plutôt qu'elle voulait me dire quelque chose mais je ne sais quoi.
- C'est-à-dire ?
- Disons qu'elle me l'a offerte pour ce voyage en me disant que ça m'aiderait dans ma réflexion et pour l'instant je me triture les méninges mais rien pour le moment.
- Si ça peut vous aider, j'ai déjà lu la symbolique de la balance dans un ouvrage.
- Je suis toute ouïe, de toute façon nous avons un peu de temps avant l'arrivée des plats.
- Alors tout d'abord, la balance est associée à la justice avec le glaive: la balance représente l'équilibre là où le glaive représente le jugement. La balance est le symbole d'une décision équilibrée car elle rappelle l'objectif mais aussi le moyen d'y parvenir. Pour chaque décision, le pour et le contre sont jaugés pour savoir de quel côté doit pencher la décision. De manière plus élargie, la balance représente l'équilibre sur tous les aspects de la vie: il n'existe rien qui soit bon en excès mais aussi peu de choses bonnes en toute petite quantité. C'est un concept qui revient

souvent dans la recherche du bonheur: savoir doser sur tous ces aspects est ce qui permet d'éviter les excès qui ne sont jamais bénéfiques pour vous.
- Hum je vois, donc cette balance représenterait l'équilibre de vie ?
- Quelque chose qui s'en rapproche, je pense.
Notre discussion fut interrompue par les plats mais nous pûmes continuer d'échanger sur beaucoup de sujets pendant le repas: l'origine de son prénom (Thérèse), l'équilibre de vie, le fait qu'elle ait changé de métier après un burnout, qu'elle prêche la méditation quotidienne pour tous, de ma curiosité, de son métier de psychologue, de nos activités, de ma liste de choses à faire avant de mourir, de sa passion pour le cinéma finlandais. Autant de sujets qui nous firent passer le repas et l'après-midi en un éclair. Discussion si intéressante, que nous n'avions même pas pu regagner nos couchettes pour le contrôle des bagages.
Le serveur vint vers nous et nous recommanda de regagner nos cabines afin de nous reposer un peu car le wagon devait temporairement fermer ses portes. Lorsque je m'apprêtai à sortir, il me dit:
- Monsieur, je pense que vous ne devriez pas trop vous poser de questions et laisser les choses arriver telles quelles dans cette aventure. Replongez-vous dans votre lecture et peut-être que vous aurez des réponses à vos questions.
Cela m'interpella, comment savait-il pour le livre et pour toute l'aventure ? Je me retournai pour le questionner mais il me salua de loin et partit de l'autre côté du wagon.

De retour dans ma chambre le ventre rempli mais

aussi la tête remplie de questions, je suivis le conseil du serveur et continuai la lecture du livre:

« Plusieurs années s'étaient écoulées et notre héros avait vécu bien des péripéties: il eut plusieurs métiers comme marchand, charpentier ou même pêcheur, il voyagea dans de nombreux pays et noua des relations exceptionnelles avec certaines personnes. Il était heureux, du moins c'est ce qu'il pensait, jusqu'à un soir où dans son lit, il ressassa toutes ces péripéties et pensa qu'il avait atteint son but, son bonheur était complet. Mais au fond de lui, il sentit qu'il manquait quelque chose, qu'il ne trouvait pas les mots pour décrire. Ce manque grandissait de jour en jour, jusqu'à ce que ses pensées ne soient tournées que vers celui-ci. Un jour, assis sur un rocher, il aperçut de nouveau le cerf blanc qui marchait gracieusement dans la forêt. Il courut à sa recherche et le trouva au bord d'une rivière. La Voix lui dit:

- Tu sembles arriver à l'étape cruciale de ton aventure ?

- Mais de quoi parlez-vous ? J'ai suivi vos indications et je me suis lancé à l'aventure. Pourquoi n'est-ce pas fini ?

- Te sens-tu complet ? Ressens-tu de la paix en ton for intérieur ?

Le jeune garçon gloussa, il savait que la Voix avait vu juste:

- La première fois que nous nous sommes vus, tu voulais découvrir ton destin et aujourd'hui tu veux t'arrêter mais ton cœur ne semble pas le vouloir. Ce vide que tu ressens et qui te pèse est la preuve que tu sais que cette quête n'est pas finie, tu as déjà atteint le point de non-retour et tout abandon est maintenant impossible.

- Que dois-je faire dans ce cas ?
- Renoue avec ton toi du passé. Aller de l'avant est un bien étrange pouvoir mais se réconcilier avec ses cicatrices du passé en est un tout autre. Ce sont ces cicatrices qui créent des croyances qui te limitent et t'empêchent de t'accomplir, elles forment l'homme que tu es devenu mais elles restent des cicatrices, tu dois les trouver, les accepter et les garder en toi pour découvrir le but ultime de ta quête. Toi seul peut et doit le faire.
- Comment je peux le faire ? Avez-vous des indications comme la dernière fois ?
- Hélas non, la dernière fois nous t'avons donné les clefs pour te lancer à l'aventure mais cette épreuve, tu dois la surmonter de toi-même ou tu n'atteindras jamais ton but.
Avant même que le garçon puisse rétorquer, le cerf s'en alla.
Notre héros se retrouva désemparé, bien qu'il ait pu surmonter les différents obstacles qui s'étaient dressés sur son chemin, il ne pouvait contourner celui-ci. Il se rendit chez un sage pour obtenir de l'aide et le sage ne lui donna que quelques conseils: il devait trouver un lieu reposant pour apaiser son esprit et apprendre à projeter son corps dans le temps, visualiser son lui retourné dans le passé et se retrouver.
Des mots bien énigmatiques mais qui pouvaient peut-être aider le héros [...] »

Des mots qui vibraient en moi, je pouvais m'identifier à ce qui arrivait au héros: le sentiment d'abandon, le déclic qui avait permis de se lancer à la découverte du monde, les liens exceptionnels, les différents métiers et surtout le manque qui habitait mon cœur et mon esprit. J'avais aussi eu l'habitude d'aller de l'avant sans regarder derrière mais je ne me rendais pas compte que certaines de mes cicatrices avaient conditionné mon comportement. J'avais eu besoin de beaucoup de retours et de bêtises pour me rendre compte de l'impact profond qu'avaient eu ces cicatrices de l'enfance. Peut-être que le but de ce conte était de me faire réaliser cela et le fait que je devais réconcilier ces cicatrices avec le moi d'aujourd'hui, peut-être que le vieil homme avait entrevu cela d'une manière ou d'une autre, et comme la Voix de l'histoire, il m'avait poussé à arriver à ce moment de l'aventure.

L'introspection était déjà lancée depuis le début de ce voyage, avant même cette rencontre avec le vieil homme. C'était peut-être un signe que tout cela devait arriver exactement à ce moment, comme si l'univers avait mis en place tous les événements qui me mettraient face à cette épreuve. Voyons ce que l'univers me réserve si je décide de la tenter.

Chapitre 3 : Cassure

Aucune solution en vue et mon cerveau ne semblait pas emballé à l'idée de résoudre ce problème. Je tentai une sortie par le sommeil et me fixai comme objectif de me reposer physiquement et mentalement. Couché sur le lit, je tentai de toutes mes forces de ne pas y penser et… bien non, mon cerveau commença à imaginer toutes les phases imaginables. « C'est pas possible ! » me dis-je, « Quand il faut se mettre en pause et dormir, c'est là qu'il part en cacahuètes ». Oui, je parlais bien de mon cerveau, une sorte d'épée de Damoclès dans ma tête: bien que j'en sois content quand il fallait réfléchir et apprendre, le contrecoup restait la très grosse difficulté de sommeil qui en résultait. S'endormir était une bataille quotidienne, je ne comptais plus les insomnies, ni les nuits blanches parce que je n'arrivais pas à m'endormir, quel que soit mon état physique, mental ou émotionnel. L'objectif restait le même: m'endormir le plus vite possible pour rejoindre les bras de Morphée.
Deux minutes… 5… 10… 20… 45 minutes, presque une heure… et toujours pas de signe de somnolence, seulement le bruit du train qui roulait à toute vitesse, le vent qui tapotait les vitres du train semblait mon seul compagnon dans cette chambre…

« Bon, après cette bonne sieste, on va repartir à fond dans cette aventure », me dis-je acerbement.

Soudain, un bruit retentit, c'était mon téléphone qui m'informait que nous venions de changer de pays. Je regardai sans grand intérêt la notification mais mon regard s'arrêta sur l'heure… 1h du matin, cela faisait plus de deux heures que je naviguais dans mon esprit à recréer toutes ces histoires et à refaire mon parcours de héros. Autre détail qui me frappa, le son que j'écoutais dans le casque tournait en boucle, j'étais tombé sur une musique en format 10h qui recommençait en permanence. « Là je crois que je tiens quelque chose. » Je tentai alors le test pour me plonger en transe mais j'avais oublié un détail: j'étais si excité après cette découverte que je ne pouvais pas me calmer sur le coup. Je sortis avec le livre pour me promener dans l'allée du wagon afin de décompresser et revenir plus calme. J'ouvris la porte, commençai ma petite balade et je tombai sur un jeune homme adossé contre une vitre, jouant avec un objet. Les faibles lueurs à l'extérieur m'empêchaient de bien le distinguer, mais je continuai mon chemin comme si de rien n'était. Peu avant de le croiser, un sursaut du train lui fit perdre l'objet qui tomba vers moi et par réflexe, je le rattrapai de justesse. Le jeune homme, pris d'un stress intense, fut soulagé de mon acte car l'objet que j'avais attrapé contenait du verre. Dans le bref instant où j'avais vu cet objet, je fus frappé d'étonnement: c'était un sablier assez ancien, comme ma balance et j'entendis:
- Dieu merci, vous l'avez rattrapé ! Je m'en serais tellement voulu si j'avais cassé le sablier du vieil homme.

- Je vous en prie.
Juste avec cette interaction, je sentis que cet homme était tout comme moi en proie à une réflexion importante et j'eus ce pressentiment qu'il vivait une aventure similaire à la mienne. J'avais l'envie de l'interroger et de me lancer dans une discussion sans fin mais le temps n'était pas de mon côté et j'étais toujours bloqué sans indice, je n'allai donc pas le déranger et je continuai mon chemin.

Après plus d'une heure d'allées et venues pour réfléchir, je décidai de prendre une pause et de penser à autre chose. Je m'assis sur le fauteuil, pris le livre ainsi que mon casque et la lecture continua:

« Le héros, bloqué dans sa quête, ne sachant pas comment continuer, était désespéré et alla se reposer sur un rocher. Il ne bougea plus, attendant désespérément un signe lui disant comment retrouver foi en lui-même et reprendre son périple [...]. Des jours passèrent mais rien ne se produisit. Le héros, prêt à abandonner, rebroussa chemin et repartit vers son village. Sa marche, remplie de honte et de remords, traduisait un profond mal-être de ne pas avoir réussi sa quête. Le jeune garçon pleura toutes les larmes de son corps et s'arrêta dans un restaurant pour voyageurs. Après un bref répit pour se remettre de sa faim, il reprit la route mais fut intercepté par personne d'autre que le cerf blanc, déçu par l'abandon du jeune homme. [...] Une longue discussion suivit et le cerf blanc aida le jeune héros à retrouver confiance en lui et à affronter les obstacles qui se dressaient devant lui. Ces obstacles n'étaient pas là pour l'arrêter mais plutôt pour l'aider à évoluer et à devenir meilleur dans le but d'atteindre

de nouvelles hauteurs... »

Ce passage me rappela la rencontre avec le cerf blanc et le vieil homme. Je posai le livre et me posai la question. « Qu'est-ce que j'aurais fait si j'avais été dans le même cas ? Est-ce que j'aurais rebroussé chemin ? Aurais-je eu la chance de revoir le vieil homme si je n'avais pas réussi ce pour quoi j'étais dans ce train ? » Des questions qui demandaient autant de réflexion me plongèrent dans une sorte de dimension où je tentais les scénarios à la place du héros.
Toutes ces questions se bousculaient dans ma tête mais j'avais cette certitude que le premier essai était rarement une réussite mais le second, le troisième ou même le centième essai, avait toujours plus de chances de réussir si on persévérait. Je me remis en position pour retenter l'expérience.

Je fermai les yeux, me concentrant sur ma respiration, je commençai l'exercice de visualisation. Plusieurs minutes s'écoulèrent, rien… je n'arrivais pas à visualiser du tout ce jeune et petit garçon que je voulais atteindre. J'essayai plusieurs choses: me remémorer certains souvenirs, puis retrouver d'anciennes photos de moi, certains sons mais rien... Je me demandais si c'était le bon moment pour le faire, si j'étais réellement prêt ou même s'il ne manquait pas quelque chose. Le doute m'envahissait, mais je ne me décourageais pas pour autant, tout comme la première fois que l'on essayait d'apprendre à faire ses lacets ou bien de marcher, on tombait mais on retentait car notre curiosité était plus forte que la frustration de ne pas réussir.
Il faut toujours refroidir son cerveau pour revenir

d'attaque et mieux aborder le problème. Tout comme j'avais l'habitude de le faire lors de la résolution de problèmes compliqués, je décidai donc d'aller prendre l'air, après tout, une petite balade n'a jamais fait de mal. Je partis me prendre une tisane pour me calmer et profiter du paysage qui s'offrait à moi. Scrutant l'horizon et perdu dans mes pensées… je songeai à cette histoire que l'on m'avait racontée sur nos souvenirs de jeunesse et me remémorai immédiatement les tortues ninjas ; ces mercredis matin où je me levais tôt pour pouvoir regarder mes dessins animés favoris, notamment les tortues ninjas alors que je n'ai jamais été du matin. Je ne saurais dire combien de fois je me levais à contrecœur pour aller à l'école, mais le seul jour où je pouvais faire la grasse matinée, je me levais plus tôt que le reste de la famille exprès pour voir ces dessins animés.

Je me suis toujours identifié aux tortues ninjas car elles étaient rejetées par la société à cause de leur forme mutante mais cela ne les empêchait pas de se battre pour la justice. On avait beau les traiter de monstres, elles continuaient de se battre grâce aux arts martiaux pour le bien des humains. C'était là tout ce qui me faisait vibrer.
Le plongeon dans ma mémoire continua et je descendais vers des souvenirs plus profonds: tout comme ces tortues, je me battais plus jeune contre les injustices (du moins ce que je considérais comme des injustices) quitte à me mettre toujours dans le pétrin et à passer pour « l'emmerdeur de service ». Si on n'aide pas les plus faibles, alors à quoi sert la force ? Cependant, le temps est un bon maître qui nous apprend bien des choses et en l'occurrence, cela m'a

permis de comprendre à quel point les situations sont compliquées et que tout ne peut pas se résoudre seul, mais jeune et immature je continuais de me battre. Puis, un souvenir plus ancien revint, les périodes où j'avais du mal à me faire accepter par les autres, j'avais bien deux ou trois amis mais ils n'étaient pas scolarisés dans le même établissement et le début de l'école primaire fut difficile. Je délaissai peu à peu les Tortues Ninjas vers une réalité plus sombre et effrayante pour le jeune garçon que j'étais.

A ce moment précis, les lumières du wagon faiblirent, comme si elles réagissaient à mes pensées. Je fus happé par ce changement et regardai autour de moi pour voir un visage collé près de moi, je sursautai:

- Tu m'as fait peur ! T'es une malade !

- Ah désolée, me dit Thérèse, je te voyais plongé avec ton regard fixe, je pensais que tu avais réussi à te mettre en état de transe et que tu méditais.

- Ah non, je n'étais pas du tout dans cet état, juste plongé dans mes souvenirs. D'ailleurs comment ça se fait que tu sois là ?

- J'étais dans ma couchette mais le serveur de ce midi a toqué à ma porte et m'a dit que quelqu'un avait besoin de me voir et il n'y a que toi que je connaisse ici.

- Hum, encore ce serveur…

- Mais alors tu n'as pas entendu ce que je t'ai dit ?

- Non, pas du tout.

- Et du coup tu pensais à quoi ?

- A plein de choses, des souvenirs, des choses que je me disais dans mon enfance par exemple…

- Tu sembles perdu, est-ce qu'il y a quelque chose qui ne va pas ?

- Ecoute, ça peut te paraître fou mais j'essaie de

rentrer dans une sorte de transe pour un exercice, sauf que je n'arrive pas avec le déclencheur.
- Et tu veux te mettre en transe pour méditer ?
- Plutôt pour discuter avec quelqu'un.
- Quelqu'un ? Comme une personne décédée ?
- Non, plutôt quelqu'un du passé… A vrai dire j'essaie de parler à mon moi enfant.
- Ah, comme l'exercice de la lettre à son soi du passé.
- Oui sauf que là j'aimerais lui parler directement.
- Je vois, ça risque d'être difficile sans entraînement mais peut-être qu'il te faut refaire ce que tu as fait quand je suis entrée.
- Qu'il me faut quoi, être plongé dans mes pensées ?
- Pour te mettre en état de transe. Quand je suis entrée dans le wagon, je t'ai vu installé à ta table et tu n'as pas bougé le moindre muscle, ton visage était détendu et ton regard fixe. Je mettrais ma main au feu que ton rythme cardiaque était parfaitement synchronisé avec les souvenirs qui traversaient ta tête.
- Ok, mais donc tu penses que c'est…
- … ce qui te correspond pour entrer en état de transe: au lieu d'essayer de visualiser des choses que tu ne sais pas, que tu ne connais pas, tu devrais te focaliser sur tes souvenirs. Lors de notre première rencontre tu m'as donné beaucoup de détails de ton enfance, des gens que tu as rencontrés, avec une précision qui suggère que tu vis le moment présent et tu l'imprimes dans ta tête tel quel. Tu devrais donc refaire la même chose pour atteindre cet état de transe.
- Donc tu me recommandes juste de revivre mes souvenirs.
- Pas que, je te dirais d'ajouter autre chose: imagine tes souvenirs comme une sorte d'océan dans lequel tu

plonges. Tu descends à la profondeur que tu peux ou tu t'arrêtes à l'endroit où tu veux.

- Comme une sorte de pause dans mon film.

- Exactement !

- Et une fois que j'ai réussi à m'arrêter au souvenir que je veux, qu'est-ce que je fais ? Et comment je peux le faire ?

- Je pense que quand tu réussiras, tu pourras simplement faire ce que tu veux. Un peu comme ce que tu fais avant de dormir, tu utilises tes souvenirs comme un catalyseur et tu te sers de ton imagination pour ajouter ce que tu veux changer. Mais attention il n'est pas question de changer tes souvenirs, plutôt de les utiliser comme un moyen de te transporter et de réussir à visualiser ce que tu recherches.

Je restai silencieux de longues minutes, c'était une très bonne idée et en même temps, je n'avais pas d'autres pistes plus pertinentes que celle-ci. Après tout, me remémorer le passé n'était pas quelque chose de difficile pour moi, alors l'utiliser comme moyen d'arriver à cette transe pouvait être un accélérateur considérable. Je me tournai vers Thérèse et lui dis:

- Je vois ce que tu veux dire, mais maintenant comment est-ce que je pourrais réussir à me lancer ? Par exemple tout à l'heure je me suis posé et j'étais d'humeur à penser, mais rien ne me dit que je vais pouvoir le faire n'importe quand.

- Pas faux. De mon expérience, je te dirais que soit tu ne pourras le faire qu'à certains moments, soit tu auras besoin d'un déclencheur fort pour le faire à volonté et je ne connais pas meilleur déclencheur qu'utiliser un son particulier pour t'aider.

- Un son ? D'un genre particulier ?

- Non, je te dirais de trouver un son qui te paraît

« relaxant » ou tout du moins qui te met dans un état inverse de l'excitation, où tu es posé et tu ne réfléchis pas trop. Par exemple, dans mon cas j'écoute des musiques de mon enfance et ça me met directement dans l'état que je recherche.
- Mais pourquoi un son et pas une image ou autre chose ?
- Parce que les sons ont la possibilité d'agir tout de suite sur notre cerveau, ils peuvent nous mettre dans plusieurs états différents et même impacter notre rythme cardiaque. Et si tu veux savoir un truc intéressant, les sons ne sont en fait que mathématiques, si les notes de musique sont aussi harmonieuses et belles à entendre quand bien jouées, c'est parce qu'elles sont des divisions parfaites de fréquences qui résonnent avec notre cerveau. Donc rien d'étonnant à ce que ces sons soient capables de nous mettre dans tous nos états.
- Hum, intéressant, faut donc que je trouve ce déclencheur.
- Yep, et crois-moi, personne ne peut t'aider à le trouver car c'est ton déclencheur à toi et ça peut être presque n'importe quoi. Du coup, je te conseille de commencer à chercher dès maintenant si tu veux trouver avant la fin du voyage. Sur ce, je vais me coucher, bonne nuit et à demain !
- Oui, bonne nuit et merci pour l'aide.
Elle me fit un clin d'œil, sûrement un signe cool pour accepter le remerciement et s'en alla. Je me retrouvai avancé sur mon chemin mais confronté à un obstacle encore plus important que le précédent. Mais bon, se plaindre ne ferait rien avancer, du repos était nécessaire pour reprendre mon aventure. Je jetai mon gobelet et partis me reposer dans ma cabine.

De retour dans ma couchette, je m'allongeai sur mon lit pour chercher un nouveau chemin vers cette transe tant recherchée. Une longue réflexion commença, je cherchais le son déclencheur mais rien ne me venait à l'esprit. Je cherchais parmi les musiques de génériques d'enfance que j'écoutais mais rien ne m'attirait, je cherchais de vieilles musiques de rap (comme les musiques de Sefyu, dont les seuls les vrais se souviennent vraiment), mais rien qui me mettait dans un état de relaxation ou du moins qui me donnait l'impression de me détendre. C'était tout le contraire: nostalgie et excitation m'habitaient mais il fallait que je trouve un équilibre entre toutes ces émotions pour atteindre mon but.

Je pris une grande inspiration puis une grande expiration très lente pour calmer mon cœur. Je refis cet exercice en continu, je laissai mon esprit vagabonder et le silence s'installa.

Chapitre 4 : Bonjour à moi

Au rythme de mes respirations, je descendis les profondeurs de mes souvenirs: mon premier emploi, mon diplôme d'ingénieur, les études, le sport, le lycée… Je continuai la descente doucement mais sûrement, cherchant le bon moment pour atteindre le jeune moi. Quel était le moment où j'avais le plus besoin d'aide ? De comprendre ce qui m'arrivait ? De comprendre la vie ? N'ayant pas la réponse, je continuai de descendre, ressassant les quelques bons souvenirs mais surtout tous les mauvais, qui avaient constitué ces années atroces de l'enfance, qui faisaient partie de moi, mais que je n'avais pas souhaités.

La descente ralentissait, j'arrivais bientôt mais je ne savais pas encore où, mon cœur commençait à s'emballer, l'air de me dire que je n'étais peut-être pas prêt pour ce plongeon, que j'avais peut-être surestimé mes capacités ou que j'étais au mauvais endroit… mais trop tard, je m'arrêtai net devant une porte. Je restai stupéfait, cette porte je l'aurais reconnue entre mille, c'était celle de ma chambre étant jeune, une vieille porte qui se fermait à peine mais qui m'avait sauvé la vie à de nombreuses reprises quand j'avais besoin de me couper du monde et laisser ma rage

exploser. Le cœur lourd, j'ouvris la porte et je vis un jeune garçon, assis dans un coin en train de pleurer de rage, une figurine de Leonardo, la tortue ninja bleue, cassée.
Ce jour-là, je m'en souvenais comme si c'était hier, c'était l'un des moments où j'avais le plus ressenti une rage d'injustice: j'avais été accusé d'une grosse bêtise que je n'avais pas commise mais j'avais été traité de menteurs et puni très sévèrement, une bonne raclée (dont je gardais les séquelles physiques encore aujourd'hui) et mes figurines de tortues ninjas cassés. Ce que je ne savais pas, c'est que ce jour était celui où j'avais décidé une chose simple: j'allais devenir l'image du petit diable qu'on m'avait déjà attribuée.

J'étais à l'entrée, me regardant enfant, en train d'être consumé par la rage et me métamorphosant en ce que je redoutais le plus. Je le regardais, impuissant, empli de tristesse, me disant qu'un rien aurait pu changer tout ce qui se passerait après cet événement. Si nous avions eu de bonnes relations entre frères et sœurs, si nos parents avaient réellement fait preuve d'amour plutôt que de réprimandes et de corrections, si tant d'autres choses avaient été faites, peut-être qu'aujourd'hui tout serait différent… mais comme le dit un ami qui m'est cher: « On ne fait pas le monde avec des si. » A ce moment précis, ma mission n'était pas de ressasser le passé mais d'aller voir ce jeune moi qui avait besoin d'aide et d'une personne pour le rassurer. Cela me rappela les mots du vieil homme: « Sachez juste que toute rencontre se fait à un moment précis dans un but précis, on décide soit de le comprendre soit de passer sans y faire attention. » C'était le moment de mettre en pratique ce conseil et d'aller voir cet enfant.

Je m'approchai, il me vit et il se mit dans une position de défense, comme s'il se sentait en danger:
- T'es qui toi ! ?
- Salut, je passais par-là et je suis passé voir ton grand frère mais il est pas dans sa chambre. C'est pour ça que je suis là.
- Bah il n'est pas là, maintenant tu peux partir !
- Ok, pas de soucis. Juste je voudrais être sûr d'un truc, tu vas bien ?
- Ouais, je pète la forme Ducon. Je pleure pour le plaisir.
- Non ce n'est pas de ça que je veux te parler, je vois que ta figurine est complètement fracassée, vu comment tu la serres t'as l'air d'y tenir.
- Ouais j'y tenais beaucoup, mais de toute façon les trucs que t'aimes ne restent pas longtemps intacts dans cette maison.
- Ah oui ? Comme quoi ?
- Plein de choses, que ce soit une Game boy ou même mon ballon de foot, c'est soit volé soit cassé. Et ces figurines, je les aimais bien et là c'est fini, elles sont mortes.
- Tu aimes bien les tortues ninjas ?
- Ouais je les adore, c'est les meilleures !
- En quoi c'est les meilleures ?
- Bah déjà c'est des tortues mutantes qui aident les gens, elles vivent cachées dans les égouts et protègent la population. En plus, elles sont trop fortes parce qu'elles font du kung-fu !
- Pourquoi elles vivent cachées ?
- Euh… bah parce que c'est des tortues mutantes.
- Et donc ?

- Bah si les gens les voyaient, ils auraient peur et ils appelleraient la police pour les tuer alors qu'ils ont rien fait de mal. On ne peut pas les tuer juste parce que c'est des tortues qui parlent comme nous.
- Ah tu sais, les gens ont peur de ce qui est différent et vont toujours réagir de manière pas très « gentille ».
- Tu sais, ce n'est pas parce que je suis un enfant que tu dois parler comme si je ne comprenais pas la vie. Au lieu de dire « gentille », tu peux dire « conne » ou même « folle ».
- Ah ok, mes excuses, je ne voulais juste pas être celui qui apprend les mots qui fâchent haha.
Il se mit à rire et commença à lâcher sa position de défense pour s'asseoir face à moi. Je pris une chaise et m'assis en lui demandant:
- Mais du coup, quelle est ta tortue préférée ?
- Leonardo, la tortue bleue.
- Pourquoi ?
- Déjà parce que j'aime bien la couleur bleue et ensuite parce qu'il utilise des katanas, je trouve que c'est la meilleure arme pour se battre.
- Ah pas bête, je n'y avais pas pensé.
- Et toi ?
- Au début, j'aimais bien Leonardo aussi mais après j'ai changé…
- Pour qui ? Raphael ? Donatello ? Ne me dis pas que tu préfères Michelangelo ?
- Non, plutôt Maitre Splinter.
- Comment ça ? On ne le voit jamais se battre. En plus, il est tout vieux.
- Justement, il est peut-être vieux mais il est aussi sage. Peut-être qu'on le voit jamais se battre mais sache qu'il est le plus fort: il maîtrise toutes les armes contrairement aux quatre frères qui ne maîtrisent

qu'une seule arme, il est aussi le plus fort à mains nues.
- Mouais…
- Si, je t'assure c'est le plus fort, il n'a pas besoin de se battre parce qu'il connaît sa force et ses adversaires ont justement peur de lui. Il ne se bat que quand il a besoin de le faire. C'est lui qui apprend aux tortues ninjas à se battre mais aussi à devenir meilleures. Parce que tout ne se fait pas seulement en se battant, tu dois entraîner ton corps et ton esprit pour devenir plus fort.
- Ton esprit ?
- Oui, tu vois que les tortues ninjas entraînent leurs corps pour se battre mais elles entraînent aussi leurs esprits pour ne pas devenir des méchants.
- Mais elles ne font pas partie des méchants ? Je ne comprends pas.
- Imaginons que les gens les voient, ils appellent la police et les tortues se font pourchasser partout, même dans les égouts. Ils vont perdre leur maison, peut-être même Splinter, peut-être qu'ils seront séparés ou comme tu l'as dit certains se feront tuer. Si c'était le cas, tu ne penses pas qu'ils deviendraient méchants ?
- Ah si, moi je péterais un câble c'est sûr !
- Justement, c'est ça la différence qu'il faut comprendre: souvent les méchants c'est des gentils qui n'ont pas entraîné leurs esprits et à qui il est arrivé des choses graves du coup ils deviennent méchants. Un peu comme toi aujourd'hui non ?
- Moi ?
- Oui, quand je suis arrivé devant la chambre j'ai vu dans tes yeux que tu allais devenir un des méchants comme Schneider.

Il baissa les yeux et resta silencieux, j'avais touché au bon endroit. En même temps, j'étais celui qui avait pris la décision à ce même endroit il y a bien longtemps. Il répliqua:
- Ouais mais là, ce n'est pas pareil.
- Si, c'est pareil, comme tu n'avais pas l'entraînement de l'esprit tu serais devenu méchant non pas parce que tu es méchant de base, c'est juste qu'avec ce qu'il t'arrive tu penses que c'est le seul chemin possible mais ce n'est pas vrai, tu as toujours un autre chemin possible. Tu veux que je te montre ?
- Si ça ne te dérange pas, oui.
- Mais avant, on va s'occuper de cette épaule qui te fait mal, je te vois te la tenir, il faut la traiter si tu ne veux pas que ça empire. Je peux voir ?
Il se tenait l'épaule droite, un peu honteux il répondit:
- Ouais, cette fois-ci il m'a pas raté… mais ça va aller c'est rien.
- Non ce n'est pas rien. Dis-moi tu te souviens de l'épisode où Leonardo se fait battre par les gardes de Schneider qui lui cassent ses katanas et le battent méchamment ? Et de ce qui se passe ensuite ?
- Ouais, même il était complètement fracassé. Après, ils sont tous allés en montagne se reposer et Leonardo a refait ses armes.
- C'est ça, mais il a été aidé par Raphaël. Il a ravalé sa fierté et a laissé son frère l'aider pour récupérer son énergie et de nouveaux katanas meilleurs que ceux d'avant. Là, c'est la même chose, laisse-moi t'aider comme le ferait un frère qui tient à toi.
Il acquiesça, je partis chercher l'attirail pour traiter l'épaule et je passai à travers le couloir, voyant les frères et sœurs s'amuser comme si rien ne s'était passé. L'indifférence était, je pense, ce qui était le plus

dur à encaisser, comme si toutes ces misères étaient les standards de vie et que tout était normal. Mais comment blâmer des gens qui n'avaient jamais appris à gérer leurs émotions et à aller vers l'autre. La seule chose dont j'étais certain, c'était que les personnes qui ne voulaient pas résoudre ce problème le payeraient durement plus tard.

Je revins dans la chambre et m'approchai de son épaule, il accepta de me laisser le soigner et me demanda:

- Mais du coup c'est quoi l'entraînement de l'esprit ?
- Je vais te montrer dès que j'ai fini.

Il prit son mal en patience et écouta les conseils que je lui donnai pour traiter son épaule et soulager la douleur qui viendrait plus tard. Je repris la conversation:

- Bon maintenant nous sommes prêts, alors laisse-moi t'expliquer une chose simple: les tortues ninjas doivent entraîner leurs corps et leurs esprits pour être des supers guerriers qui se battent pour la justice. Tu peux apprendre d'elles et appliquer tout ce qu'ils font dans la vie réelle pour être une bonne personne.
- Ok, mais qu'est-ce que je dois faire ?
- Laisse-moi te montrer ce que chacun des frères peut apporter dans la vie. Commençons par ton préféré, Leonardo.
- Ouais ! C'est le meilleur !
- Alors Leonardo, c'est le chef du groupe qui prend toujours les décisions les plus difficiles, celui qui se remet toujours en question et le plus discipliné.
- Et ça veut dire quoi ?
- Comme Leonardo, tu comprendras que tout le monde a toujours des conseils à te donner pour plein de choses: tes projets d'avenir, tes problèmes, tes

doutes mais pas grand monde ne les applique à eux-mêmes. N'oublie pas que les conseils des autres les concernent en premier, personne ne peut mieux te connaître que toi-même, mais pour cela tu as besoin de regarder au fond de ton âme. Cet exercice peut paraître simple à dire mais est très difficile à faire. Ce sera le plus dur que tu puisses expérimenter car une fois commencé tu ne peux revenir en arrière. Te connaître est à la fois une obligation et un fardeau, cela demande beaucoup de courage mais cela en vaut clairement la peine. Quand tu fais quelque chose de mal, ne pense pas directement à vouloir te battre avec la personne en face car tu as ta part de responsabilité et tu ne peux pas y échapper. Tu as le droit de te tromper, mais aussi l'obligation de t'excuser quand tu as fait du tort aux autres. C'est pareil quand tu rates quelque chose, ce n'est pas grave, ça fait partie de la vie mais demande toi toujours si tu pouvais faire mieux, avec les autres mais aussi avec toi-même. Si oui, tu verras que tu pourras toujours progresser et tu le feras en permanence.

- Donc c'est ça se remettre en question ? Ça n'a pas l'air simple.

- Oui c'est vrai mais si Leonardo ne le faisait pas, il ne serait jamais devenu un bon grand frère et un meilleur chef. Cependant, se remettre en question, c'est bien mais agir c'est mieux et pour ça tu as besoin d'être…

- Discipliné ?

- Exact ! Je devine à ta tête que tu ne vois pas ce que cela veut dire mais je vais te l'expliquer. Quand tu veux progresser, tu as besoin de t'exercer, de mettre en pratique ce que tu as appris. Prenons par exemple la maîtrise des katanas, tu vois Leonardo s'entraîner à chaque épisode même s'il maîtrise déjà ses armes. Il

ne le fait pas par plaisir mais par discipline, c'est pareil pour n'importe quelle chose que tu veux maîtriser. Pour y arriver, il faudra que tu mettes en place une routine et que tu t'y tiennes pour voir de véritables changements dans ce que tu entreprends. Suivre une routine pendant deux jours ne changera rien, suivre une routine pendant un mois changera des détails, et suivre une routine pendant un an changera ta vie, sois en sûr. La discipline est le seul moyen de rester constant dans tes efforts et cette constance est le seul moyen de voir de réels changements dans tes projets, tes objectifs de vie. La motivation est un bon moteur, mais un moteur qui ne dure que quelques jours et c'est la discipline qui prendra le relais lorsque le carburant de la motivation sera épuisé.
- Pas facile ce qu'il fait Leonardo !
- Et c'est justement parce que ce n'est pas facile qu'il est le chef, il montre l'exemple pour tous les autres et fait en sorte de toujours être là pour prendre les bonnes décisions.

Il esquissa un sourire en regardant Leonardo, son personnage préféré était plus qu'un manieur de sabre, il était le leader de ce groupe et le grand frère. Je posai ensuite la figurine de Donatello (bandeau violet):
- Ensuite voici Donatello, qu'est-ce que tu peux me dire sur lui ?
- Il est très intelligent, c'est toujours lui qui bidouille des gadgets qui aident les frères en mission.
- C'est vrai, mais en fait il n'est pas intelligent, il est plutôt curieux et débrouillard.
- Curieux et débrouillard ?
- Oui, il aime tout simplement apprendre, comme disait un de mes professeurs à l'école: « Apprends,

apprends encore et apprends toujours mon garçon, parce qu'il y a tellement de choses à savoir dans cet univers. » La curiosité est importante parce qu'elle va te permettre de découvrir plein de nouvelles choses sur la vie, la terre, les êtres humains et même l'espace, je sais que tu vas aimer. Tu trouveras toujours des personnes qui voudront partager leurs connaissances, te donner une nouvelle façon de voir le monde et d'apprendre à te connaître, à connaître les autres et surtout connaître l'univers. Et le plus beau dans tout ça, c'est qu'en continuant sans cesse dans cette voie, tu te rendras compte que même jeune tu peux apprendre et faire apprendre tellement de choses aux personnes qui t'entourent. A ton tour, tu attireras des personnes qui voudront apprendre de toi et tu seras très content de partager ton savoir.

- Ok, curieux, ça je le suis déjà, je pose plein de questions mais souvent on me donne pas de réponses ou j'embête trop les gens avec mes questions.

- D'où le fait d'être débrouillard: puisque les gens ne veulent pas t'aider, tu vas t'aider toi-même. Il faut que tu te pousses à aller chercher tout seul ce qu'il te manque, comme ça tu ne dépendras pas des autres, les gens débrouillards ne sont pas nombreux mais ce sont des personnes très utiles que les gens s'arrachent. Pour cela, tu ne dois pas avoir peur de trouver des solutions aux problèmes qui existent et même si tu te rates, tu recommences encore et encore jusqu'à ce que tu trouves. Je peux te jurer que quand tu réussis à le faire une fois, tu peux le faire autant de fois que tu le veux. Mais attention, ne t'amuse pas à le faire tout le temps et pour n'importe qui, fais-le d'abord pour toi et pour ceux que tu veux aider sinon des gens vont profiter de tes talents.

- Aaah, curieux pour apprendre de nouvelles choses et débrouillard pour trouver des solutions.
- C'est pour ça que Donatello est indispensable, il est le cerveau qui trouve des plans et des gadgets pour tous.

Il saisit la figurine de Donatello et commença à l'inspecter pour trouver une manière de la réparer. Je la pris:
- Attends la fin avant de te lancer dans tes expériences, dis-je en posant la figurine de Raphaël.
- Ah non pas lui !
- Qu'est-ce qu'il y a ?
- Je ne l'aime pas trop lui.
- Pourquoi ?
- Parce que c'est la tête brulée du groupe, il ne fait que foncer dans le tas et crée souvent des problèmes pour rien.
- Pas faux, tu peux apprendre de ses défauts mais aussi de ses qualités.
- Qualités ? Comme quoi ?
- C'est vrai qu'il a un problème de communication (il ne parle pas assez) mais aussi il est très courageux.
- Hein ?
- Je t'explique: il ne parle pas trop quand ça ne va pas et c'est pour ça que c'est souvent le bordel entre les frères. C'est justement ce qu'il faut éviter de faire: la majeure partie de tes problèmes sera créée par les autres et le meilleur moyen de faire prendre conscience de ce problème pour le résoudre est de COMMUNIQUER, c'est le seul et unique moyen de le faire. Personne ne peut résoudre un problème qu'il/elle ne connaît pas, le mieux est d'en parler avec la personne concernée car tu te rendras compte de

l'importance de tes mots et de tes actes. Ne fais pas comme Raphaël, communique avec les autres et apprends à t'exprimer car lorsque tu ouvres la bouche, tu montres au monde qui tu es vraiment.
- Ah je suis bien d'accord, c'est une tête de mule qui ne dit rien.
- Mais c'est aussi le plus courageux qui n'hésite pas à voler au secours de ses frères quel que soit le danger qui les menace. Il fonce peut-être dans le tas mais quand quelqu'un a besoin de lui, il ne lui en faut pas plus pour se déchainer et aider les gens. Tu as déjà vu un épisode où il s'enfuit lors d'un combat et laisse ses frères derrière ?
- Non, jamais.
- Eh bien, c'est parce qu'il est là que les autres frères sont confiants, ils savent qu'il sera toujours là pour leur redonner du courage. Toi aussi, tu devrais faire preuve de courage car tu auras bien des épreuves à surmonter et il te faudra beaucoup de courage pour y faire face.

Le voyant méditer sur ces paroles, je terminai par le dernier frère qui complète le quatuor: Michelangelo.
- Ah le casse-cou qui fait que du skate et mange des pizzas !
- C'est vrai, on le perçoit souvent comme ça, mais moi je le vois comme souriant et qui profite de la vie.
- Profite ?
- Oui, déjà tu le vois toujours en train de sourire, ça peut paraître bête mais c'est très important parce que tu donnes envie aux gens de venir te voir. Si tu as toujours un visage fâché, les gens vont t'éviter. Alors une chose simple, souris et profite de la vie, même si ça ne va pas. Tu verras que les gens vont beaucoup

plus t'apprécier. Comme le noyau d'un atome, deviens un concentré d'énergie positive qui attirera les électrons pour former un groupe de qualité, évite les mauvaises énergies (les victimes, les narcissiques, les brasseurs d'air…) et entoure-toi de personnes avec des qualités que tu aimerais avoir (audacieux, bienveillant, captivant, combatif...). Sans même t'en rendre compte vos énergies se mélangeront et vous gagnerez tous à être ensemble. Les Brown, un monsieur qui dit des choses motivantes, a expliqué une expression qui m'est restée à jamais dans la tête: Entoure-toi de gens OQP (Only Quality People), tu verras que tu en ressortiras meilleur car comme des athlètes de haut niveau, ces personnes te pousseront à donner le meilleur de toi-même et tu en feras de même. Sois le noyau et non l'électron, sois tellement brillant d'énergie que les bonnes personnes viendront d'elles-mêmes.

- Electron ?
- Tu apprendras cela d'ici quelques semaines et tu comprendras ce que je veux dire. Aussi, n'oublie pas de travailler ton anglais, c'est important.
- Euh ok c'est noté.
- Et enfin, je vais te parler de mon personnage préféré: Maitre Splinter.
- Ah oui, je l'avais oublié celui-là.
- Un peu de respect, tu vas voir qu'il cultive une qualité très importante: la bienveillance.
- Qu'est-ce que c'est ?
- La bienveillance, c'est choisir d'apporter aux autres quelque chose de positif. Pour cela, tu as besoin de commencer à avoir une vision et un comportement positif, tu verras très rapidement que les gens viendront d'eux-mêmes et tu développeras de la

compassion, de l'empathie, du questionnement et surtout beaucoup d'écoute. Une fois que tu auras cultivé cette bienveillance, tu pourras la transmettre au travers d'une éducation bienveillante. Par exemple, Maître Splinter n'a aucun lien avec les tortues ninjas: il les a juste recueillies et a choisi de les éduquer. Il a été présent à tous les moments importants de leurs vies, les accompagne sans jugement. Il leur a inculqué toutes les qualités pour les rendre meilleures. Il les a protégées puis les a préparées pour ce monde qui les rejettera dès le premier pas dehors, et lors du moment crucial, il choisit de se sacrifier pour leur sauver la vie.
- Ah je vois, mais je t'avoue que ça va être difficile pour moi d'être gentil avec des gens.
- Je sais, ça viendra avec le temps, tu comprendras quand tu grandiras j'en suis sûr.
- D'accord, vraiment merci pour tout ce que tu m'as appris aujourd'hui. Comme quoi les tortues ninjas sont des vrais héros qui peuvent aussi nous sauver.
- C'était un plaisir pour moi aussi, j'ai beaucoup aimé partager ça avec toi. Quand tu seras plus grand, il faudra que tu en fasses profiter les autres, ça les aidera beaucoup dans leurs vies.
- Haha j'espère avoir tout retenu.
- Ecoute, bien que j'aime cette discussion, il va falloir que j'y aille. Prends soin de toi et n'oublie pas d'utiliser les tortues ninjas pour t'aider à n'importe quel moment.

Je me levai pour partir, et au pas de la porte, il me demanda:
- Et sinon, est-ce que je vais… non, est-ce que *nous* allons nous en sortir ?
Je me retournai et le regardai:

- Nous ?
- Tu pensais que je n'allais pas me reconnaître ? Tu as trouvé les autres figurines sans que je te montre où c'est, tu savais exactement où j'avais mal et tu savais aussi où se trouvait la boîte à médicaments. Je ne suis pas bête, tu le sais bien.
- Je ne peux pas nier, tu en as dans la tête, ça te servira.
- Alors, s'il te plait, réponds à ma question: est-ce que tout se passera bien ?
J'eus la gorge nouée, comment annoncer à un enfant que tout allait mal se passer et que ce n'était que le début du calvaire ? Je restai silencieux puis je me décidai à lui dire:
- Je vais te dire le plus gros mensonge que j'ai dit dans ma vie: tout va bien…
Il me regarda dans les yeux, l'air de me dire qu'il comprenait le message et allait se préparer pour la suite du chemin, et je ne pus m'empêcher de revenir vers lui et le serrer dans mes bras, lui disant:
- Je suis désolé de ne pas pouvoir traverser le temps pour te sauver de tout cela, désolé que tu doives connaître bien des épreuves physiques et mentales afin de vivre ta vie comme tu l'entends. Mais sache que tu es bien plus fort que tu ne le crois: tu n'abandonneras jamais, tu réussiras à casser tous les murs qu'on t'a mis sur le chemin, tu iras chercher ce que personne ne te souhaitait, tu seras meilleur que toutes les prédictions te concernant, tu seras encouragé, soutenu, respecté, admiré et surtout aimé par ton nouvel entourage, tu seras une personne souriante avec qui on aimera débattre, se confier, s'amuser et profiter de l'instant présent. Alors à chaque fois que tu doutes, chaque fois que tu te sens

mal, chaque fois que la vie te frappe à nouveau, chaque fois que tu penses sombrer dans le désespoir, remémore-toi ces phrases et je te promets que cette période sombre ne sera qu'une anecdote.
-Merci, j'avais besoin d'entendre ça au moins une fois dans ma vie.

J'ouvris des yeux pleins de larmes et restai silencieux un long moment, j'avais totalement perdu la notion du temps lorsque les premiers rayons du soleil traversèrent la fenêtre. Je tournai la tête et je vis le plus beau lever de soleil de ma vie: un soleil étincelant se dévoilait comme pour signifier le début d'une nouvelle phase.
Là où d'autres se seraient réjouis d'une telle aurore et l'auraient prise en photo pour Instagram, je regardai le soleil se lever majestueusement. Tous les endroits obscurs qui composaient le paysage venaient petit à petit à être révélés et toute la beauté de la nature était de nouveau disponible à mes fragiles pupilles. Là où mes yeux étaient rivés vers le soleil à essayer de le voir, je ne distinguais pas la nature, toutes les belles choses et les personnes que j'avais rencontrées dans ce train.
Sceptique à l'idée que quelqu'un puisse communiquer avec la nature, je compris au travers de ce lever de soleil toute l'importance et la puissance du message que m'envoyait l'astre: quelle que soit la durée de la nuit, le soleil arrive toujours pour illuminer ce monde et il en est de même avec les humains, nous pouvons être soit le soleil soit les ténèbres des autres, le choix nous appartient.

Fier de ce que j'avais accompli durant cette nuit, je

partis chercher un café pour finir le livre du vieil homme et annoncer la bonne nouvelle à Hélène. J'arrivai au wagon bar et commandai un cappuccino, le barman, très serviable me fit la causette le temps de la préparation et je pris mon café pour m'installer et profiter de ce répit amplement mérité.
Sur le chemin, je cherchai Hélène pour lui annoncer la bonne nouvelle mais je ne la trouvai pas du tout. Bizarre. Elle qui était si matinale, n'avait pas pointé le bout de son nez de tout le petit-déjeuner. Je me dis qu'à défaut de la voir, je pouvais continuer l'histoire pour enfin connaitre le dénouement final.

Attirant mon regard, le jeune homme de la nuit précédente (que j'avais appelé gueule d'ange car il ressemblait à Michael Scofield dans la série Prison Break) scrutait l'horizon, assis sur une chaise du wagon bar. Il arborait un sourire enchanteur, bien différent du moment où je l'avais croisé songeur dans le couloir. Je m'installai sur une table un peu plus loin et l'observai en silence, pour le laisser apprécier le moment, il faut dire que j'avais aussi besoin d'un moment de répit après toutes ces péripéties.
A un moment, je vis le fameux serveur arriver et parler avec lui, puis il s'en alla en me regardant et me fit un geste pour désigner le jeune homme. Le voyant, je compris qu'à son tour, il m'utilisait pour être le coup de main d'une autre aventure, c'était donc désormais à moi d'apporter mon aide dans la quête d'un autre.
Beaucoup de questions se bousculaient mais je ne pouvais pas avoir de réponses si je ne les posais pas. Tel Donatello, je décidai de laisser ma curiosité me guider et me dirigeai vers cet homme…

Partie 2: Quentin

Chapitre 1 : Lueur

« Il ne reste pour ce petit ange dépourvu d'ailes qu'un infime espoir de rejoindre la lumière, inapparente, hélas. Il semble la connaitre dans son cœur tendre comme si cela faisait partie du fin fond de lui-même. Une fascinante familiarité.

Il se trouvait dans un endroit lugubre et désolé, chaque pas d'errance lui faisait douter de son inhérente destinée. Celle d'étinceler de son faste dans la lumière céleste.

Ici, l'atmosphère était lourde, les couleurs étaient ternes. Une sorte de brume envahissait les lieux. On aurait pu croire que la force de pesanteur s'intensifiait, à en perdre la raison.

Le petit ange se noyait dans une profonde solitude mélancolique.

"Quelle est donc la cause de ma venue en ce lieu maudit ?" S'apitoya-t-il.

Un endroit périclitant à un point où même de petites fées ne pourraient opérer d'enchantements, ils seraient d'emblée réduits à néant.

Le petit ange mugissant, attristé de ne pas pouvoir rejoindre les siens ni le monde céleste, faisait peine à voir. Il se sentait tellement seul et surtout, abandonné.

Il était presque certain que c'était un sort qu'il méritait, qu'il était un être indésiré et désastreusement

incapable d'ascension. Il ne se trouvait guère prestigieux, plutôt misérable. Il s'exprima avec détresse :
"Ô toi qui as créé tout ce qui est, et qui as créé toutes merveilles, m'as-tu émondé de la lignée des anges et privé d'ailes car je n'étais pas digne de hauteurs ?"
Mais pourtant, une voix se manifesta à lui... »

Un léger courant d'air, comme un petit battement d'ailes, vint caresser mon visage. C'était étrange. Cette fois-là, lorsque je me trouvai face à face avec la toile, j'eus une vive et brutale sensation que je n'avais jamais éprouvée jusqu'alors.
J'avais comme l'intime impression que cette toile blanche s'imposait à moi telle une épreuve, que dis-je, telle une véritable étape initiatique.
Pourtant, j'avais peine à y croire, quelle ironie du sort, elle faisait quarante sur quarante centimètres... J'avais pris l'initiative d'acheter quelques petites toiles pour l'endroit où me mènerait ce mystérieux voyage, prescrit par un vieil homme qui me laissait un avant-goût de destin avant de monter à bord de ce train. Mais une fois entré dans cette locomotive, j'eus la grande envie de sortir une toile pour la peindre ici même pendant ce voyage. Quelque chose me disait que j'allais y trouver une particularité. Et même tous ces décors qui passaient, ces formes, ces couleurs, ces jeux des ombres et des lumières, au-delà de la fenêtre qui était entrouverte ; à bien y faire attention, tout artiste pouvait y trouver son bonheur. Et c'est surtout que j'aimais les voyages longs pour la propension à m'immerger dans un état méditatif, dont une éruption d'idées créatrices surgissait en abondance.

Oui, sans conteste, je l'avais pressenti le jour de leur achat au magasin, que les prochaines toiles seraient comme une nouvelle étape dans ma vie. Mon cœur ne cessait depuis déjà un petit moment de me souffler que ma vie allait prendre un autre tournant. Après tout, des tableaux, j'en avais déjà produit une grande quantité. Des centaines. J'avais acquis une manière, des gestes, une posture, un savoir-faire, un œil méticuleux, repérant les petits détails à réajuster, et j'étais désormais nanti d'une longue liste de peintures au compteur.

Des maisons, des forêts, des animaux, des ciels, des portraits, des idées un peu plus originales.

A vrai dire, je commençais à avoir un certain niveau technique de peinture, presque aussi bon que mes professeurs peintres qui pratiquaient cette activité depuis bien longtemps, ces mêmes professeurs choisis sciemment par mes soins. Ils étaient devenus de bons amis, bien que les gens proches de moi, ça n'existait que dans de courts instants. Car les gens empruntaient souvent des chemins déjà balisés, sur lesquels je ne passais que peu de temps, parce qu'être comme tout le monde ne m'intéressait pas. Je ne voulais pas être de ceux qui craignent le mouvement les sortant des sentiers battus, le pas de trop ou les pas insuffisants. N'est-ce pas une bénédiction que de pouvoir s'élancer dans un ailleurs ? Cet ailleurs peut être physique comme relatif à l'esprit. Parfois nous l'explorons avec maladresse, parfois, nous prenons une torche et un sac de provisions. Et il existe même aussi, tel un trébuchement… cet ailleurs qui se révèle à nous.

Ce n'est en rien ordinaire de voir un jeune homme d'une vingtaine d'années, en ce temps moderne où le numérique nous colle à la peau, débarquer avec une toile de peinture et un petit chevalet pour s'occuper lors du voyage. Encore moins quelqu'un qui ne connait pas sa destination finale précise. Pour accéder à ce genre de situation, peut-être faut-il être doté d'un certain degré de crédulité, ou d'une entière confiance concernant la notion de destinée, ou bien croire en une guidance spirituelle. Et c'est mon cas. Ce qui auréole le tout, c'est que j'étais venu sur la proposition d'un vieil homme que je venais tout juste de rencontrer, dont j'ignorais encore le nom, m'ayant transmis un sablier miniature comme un objet de quête de film ou de jeu vidéo.

Ce vieil homme, je décidai de le baptiser « vieux sage ».
Cette rencontre avec lui était insolite, à n'en point douter.
Je me demandais s'il serait pratique d'utiliser pour la peinture ce qu'il m'avait donné, ce sablier miniature, pour m'astreindre à un temps-limite. Non, impossible, le temps s'écoulerait beaucoup trop vite.

Je me baratinais peut-être, à vrai dire, je n'avais pas l'inspiration. Ou pas encore. C'était frustrant. Pas habituel. Cependant, il y avait quelque chose à l'intérieur de moi qui toquait à la porte, et qui me poussait à l'acte de produire une création qui ne devrait pas être comme d'habitude. En ces instants, il me prenait l'ardente envie de léguer, avant ma mort, en ce monde ici-bas, des traces artistiques

authentiques et novatrices.
Que mon art vienne de son passage à la manière d'une comète ! Ce petit astre formé de glace et de poussière se réfléchissant par le soleil afin de révéler le beau spectacle de sa traversée aux observateurs furtifs de la Terre.
Qu'il en soit ainsi, ça me plaisait ! J'avais affaire avec moi-même. Et je ne pouvais y échapper, assurément.
Paul Valéry disait : « Il faut rentrer en soi-même armé jusqu'aux dents. »
Je mis mon pouce sous les pointes de mes canines. Etaient-elles suffisamment aiguisées ?
Après tout.

« Patience », m'avait dit le vieux sage.
Ce mot résonnait en moi comme un rappel. Comme une cloche d'église sonnant un moment précis, pour l'avènement d'une intronisation, le couronnement d'un invisible qui souhaiterait son expression matérielle. La couronne posée qui serait l'honneur de la réalisation finie. Et la brillance de celle-ci serait l'admiration pittoresque qu'on lui porterait. Mais ne brûlons point les étapes. D'abord le processus puis l'accomplissement, mais aussi, une fois tout cela fait, incliner suffisamment sa tête afin que la couronne puisse être posée.
C'est suite à un grand soupir que je posai tout le matériel pictural. Pourtant j'étais là, et j'étais bien disposé à répondre à cette sensation intérieure. Une question se soulevait : comment peindras-tu ? Qu'est-ce qui apparaîtra ? Quoi qu'il en soit, j'étais formel, j'avais l'intime motivation de finir de la réaliser avant la fin de ce voyage. Il est conseillé d'avoir une idée bien précise avant de se lancer, puis faire une

recherche de couleur, et révéler l'œuvre sur la toile.
Voici donc, après un long arrêt du train, lorsque je me penchai vers la fenêtre, nous étions arrivés à la gare de Vienne. Nous avions tout de même bien avancé. Je décidai de prendre la seule chaise qu'il y avait dans la cabine pour la poser près de la fenêtre et je m'assis.
Alors, le train redémarrant, je me plongeai en de banales rêveries, scrutant le paysage viennois avec une minutie chirurgicale. C'était une façon pour moi de pacifier mon esprit. Vienne, surnommée la ville des rêves, car le psychanalyste Sigmund Freud y a vécu, était d'une grande richesse en termes de culture artistique : associée à des artistes-peintres, je pensais à Gustav Klimt qui avait été partisan de l'Art nouveau avec ses peintures dorées aux formes hypnotiques. Je pensais aussi aux peintres expressionnistes Oskar Kokoschka et Egon Schiele.
Oui, je pouvais le concéder, l'architecture viennoise monarchique m'attirait particulièrement, par exemple les palais de Belvédère du prince Eugène, qui sont juste somptueux. Je regardai par la fenêtre cette grande ville défiler au loin. Puis, la matière urbaine décline, faisant place à un environnement de plus en plus naturel.
Le soleil culminant dardait ses plus beaux rayons. Là, une ligne de conifères où le vent semblait faire danser les arbres. Et là-haut, un étang à la surface luisante, dommage que ça ne soit pas plus près des rails. Le ciel était très dégagé, il n'y avait qu'ici et là des trainées de nuages. Des montagnes se fondaient progressivement dans un horizon nébuleux. Je crois d'ailleurs que je faillis y laisser une larme. Une pensée de délectation survint, me rappelant ce que l'on appelle le réglage fin de l'univers. Cette structure, ces constantes

fondamentales, cette harmonie. Tout est réglé avec tant de perfection…

Cela fait maintenant six mois que j'ai rencontré ce sage, un vieil homme, dans le musée des Beaux-Arts de Budapest. Pendant mon parcours il m'a interpellé pour discuter longuement. Ce fut en premier lieu une discussion philosophique aussi ontologique. Nous avons abordé des questions scientifiques et bien sûr, le lieu s'y prêtait, nous avons parlé d'art. Ce fut passionnant. Cependant notre discussion se dirigeant davantage dans ce qui est personnel, et de plus en plus dans la profondeur, il y a des paroles imprécises qu'il a pris soin d'articuler avec entrain. A cause de son grand âge, sa voix était abîmée, mais son ton profondément persuasif. Alors, j'ai aiguisé mon écoute pour y accueillir ses passionnantes sagesses. Je lui exprimais mon désir de créer des œuvres d'art des plus authentiques, qui puissent faire vibrer les âmes qui se laisseraient toucher. Il me dit soudain : « Voilà enfin les mots qu'il était convenu. »
C'est ensuite qu'il me parla de miracle.
- Un miracle…
- Miracle ?
- Je vais te demander de bien vouloir m'écouter attentivement…
- Je vous écoute.
- C'en est assez de rester dans les ténèbres, garçon. J'ai bien entendu que tu aimais exprimer ton art, mais en toi il y a quelque chose qui ne demande qu'à se libérer, aimerais-tu que ton art puisse s'exprimer dans son plein potentiel ?
- Oui j'aimerais… mais…

- Mais quoi ?
- Je ne peux pas, enfin pour l'instant.
- Pour l'instant. Tiens donc. Comment un ange peut-il voler et déverser sa lumière sur le monde, s'il reste coincé par une maille qui l'entrave ? Pour que ce miracle survienne, il te faudra d'abord être prêt à te libérer de tes chaînes.
- Qu'appelez-vous « le miracle » ?
- Tu le sauras si tu remplis les conditions, déclara-t-il.
« Ce miracle vient à ceux qui ont le regard humble, c'est ainsi qu'on peut l'apercevoir. »
Un silence.
« Ce miracle est attiré par les cœurs légers et dignes de bonté, c'est ainsi qu'il se laisse adopter. »
« Vois-tu, ce miracle vient à celui qui sait pardonner ce que le monde lui a fait endurer, si l'individu disposé à l'accueillir n'est pas un esprit où il fait bon y être, il ne s'invitera pas. »
Un autre silence.
- Vous me donnez envie de connaître ce miracle.
- Oh, eh bien je te suggérerais plutôt de te concentrer sur les étapes qui viennent avant.
Après ces mots, il me confia ce sablier miniature.
- Ce sablier symbolise le temps, mais cet objet est bien plus que cela, on pourrait même le qualifier de magique si on le souhaite. Tu t'en serviras le moment venu.
Je poursuivis en lui disant que ce sablier était si petit qu'il ne pouvait minuter que le temps d'un clin d'œil. Il me répondit que la taille du sablier était parfaite. Après un court instant, il me confirma : « Oui, elle est par-faite. » Pour finir, il répéta le mot « Patience » comme un écho qui s'étouffe à chaque prononciation. Je ressentais que ce moment était important. Ce qui

me le faisait dire, c'était son inflexion brutale.

Il m'impressionnait. En réalité, la sagesse que nous conférons à un vieillard tel que lui est une caractéristique afférente au talent accumulé dans son expérience d'une jeunesse antérieure jusqu'à son âge mûr.
L'évocation de ce sujet de miracle me parlait vraiment de l'intérieur. Quand nous discutions, il me comprenait. La conversation était fluide. Il saisissait le substrat de tout ce que je lui confiais. Je n'avais pas à développer quoi que ce soit. Peu de mots suffisaient pour qu'il rebondisse de manière impeccable. Je me sentais vraiment écouté. Il me fixait d'un œil très attentif et acquiesçait de hochements de tête à tout ce que je disais. Même dans mes longues phrases les plus abstraites, habituellement incernables par mes interlocuteurs. Je me rendis compte que je n'avais jamais rencontré pareil homme. On ressentait qu'il avait compris bien des choses. Il me dit que c'était un grand voyageur, et qu'il adorait découvrir des secrets bien cachés, des secrets du monde, de l'univers. C'est étonnant, je me suis senti à l'aise en sa présence, tout autant que lorsque je suis seul, lorsque je me recueille le cœur paisible, je me trouvais libre d'être dans toute l'ampleur de mon authenticité.
Il me présenta ensuite le ticket pour venir à bord de ce train, me disant que si je voulais trouver des réponses, il me fallait y séjourner.
« Va, ce miracle se présentera. Je te le souhaite, sincèrement, en tout cas tout a été prévu pour que cela se passe… »
Était-ce des paroles prophétiques ?

Je regardais ce sablier avec attention. Il avait une apparence antique. J'inspectais comme un chercheur fou l'objet de plus près, j'y trouvais une certaine majestuosité dans sa forme, son ornement, dans son expression chromatique, une apparence terne comme un fossile exhumé, ce qui n'est pas si laid que l'on pourrait croire.
Patience.
Alors me voici dans le bar, non loin du wagon de la cabine qui m'a été prêtée, à deux près.
« Bonjour, auriez-vous un jus de fruits ? » commençai-je avec solennité.
Il me fait une tête l'air de penser : « Oh, gentleman le jeune homme. »
Oui, l'élégance passe aussi dans la manière de dire, tout comme la prose d'un texte de poésie. C'est tout un art, auquel nous ne pensons pas assez.
Assis à la table, je me mis à fermer les yeux pour prendre une grande inspiration.
Je suis dans le moment présent. A la fenêtre, le décor passe. Un décor forestier particulièrement charmant désormais. Je gribouille sur le calepin ce qui me passe par la tête. Ce petit calepin m'accompagne souvent là où je pars, car bien des idées me surviennent, et je ne compte pas les laisser s'échapper. Alors, je me saisis de mes écouteurs et je me mets à savourer, que dis-je, sustenter mon esprit à l'écoute ***d'Hymn of the chérubin*** de Tchaïkovski afin de m'accompagner vers un état de relaxation totale. Laissons donc la magie s'exprimer d'elle-même. Laisser venir. Oui. Se laisser capturer par la Beauté…
Je faisais mumuse avec ce sablier miniature. Je le retournais dans un sens, puis dans un autre. Enfin,

j'accélérai le rythme. Je fautai, car il m'échappa des doigts et tomba par terre. Sauvé, le verre ne s'était pas cassé. C'est plutôt solide comme type de matériau. Avant que je ne puisse le ramasser, quelqu'un s'approcha de moi, une main le saisit.

Chapitre 2 : Vision

« Tiens. Je crois que c'est à toi. »
Je remerciai ce jeune homme, il devait avoir des origines maghrébines.
« Très sympa comme sablier. »
Je pensai aussitôt que l'homme voulait interagir davantage avec moi. Mais je sentais qu'il n'osait pas me déranger. Après cette brève interaction, je terminai mon jus de fruits.
Patience, m'avait dit le vieux sage.
M'adossant au fin fond de la chaise, je me trouvais beaucoup trop alangui, il fallait que je me colore au moins d'un peu de gaieté. J'étais empreint d'une envie abyssale de filtrer tout évènement à la manière d'un rêveur désirant enluminer sa vie en des scènes fantaisistes, la vivre avec des saveurs s'enchevêtrant, telle une allée aux nombreuses odeurs des plus suaves comme des plus intenses à la saison du printemps.
Et comme toujours, il s'avère que c'est éphémère, en un rien de temps cet état peut se transformer en un autre état. Mon esprit se perdait souvent dans des inclinaisons irréalistes.
Néanmoins, ici, je sentis du fond du cœur que c'était l'heure pour moi, et cela sentait l'étape à franchir, que j'étais au seuil d'une porte, que mon travail était

d'abord de la voir et de l'enclencher afin d'aller dans un autre espace de vie. Il y a des moments ainsi, où l'on sent que c'est un moment opportun. Alors il faut s'y apprêter en tout point. Je devais, c'est certain, faire le vide d'abord.
Je me lançai à moi-même : « Recueille-toi. »
Je me jetai sur le lit de la chambre qui m'avait été donnée. Je fixai la toile du coin de l'œil. Et je me mis à lui parler.
« Que faire ? Comment puis-je remplir ce blanc ? »
J'avais d'ores et déjà apprêté la surface, bien entendu. Puis, je me disais que tout comme cette toile, avant son remplissage, avant la venue de l'œuvre, du sujet, je devais déjà moi-même être une toile apprêtée, sans rien.
Ce qui me vint à l'esprit, ce fut ce vieil homme et l'évocation du miracle qu'il avait pris grand soin d'articuler. J'avais la ferme conviction que le miracle aurait un rapport inhérent avec ce blocage. En fait, j'avais plein d'idées qui me survenaient mais j'avais l'intime besoin de faire cette autre chose qui toquait à l'intérieur de moi. Mais apparemment, je ne savais pas encore lui ouvrir la porte.
Je fermai les yeux et fis trois grandes respirations.
Après que j'eus gagné de la détente, je pensai à voix haute : « Je suis prêt. »
A vrai dire non, je me mentais à moi-même.
« Comment ce miracle pourrait-il se présenter à moi ? Comment puis-je être prêt ? »
Je me ressaisis d'un pinceau. Rien à faire, aucun jus. Toujours entravé. Ce n'était pourtant pas compliqué. Même un enfant serait capable au moins de faire quelques coups de pinceau, histoire de faire apparaître quelque chose, et qu'in fine il puisse y trouver

davantage de créativité, dans un élan qui viendrait avec les premières poses de peinture.

C'est alors que je tins mon pinceau, fermement. « Allez ne réfléchis pas, juste fais, une esquisse c'est tout. » J'étais beaucoup trop nerveux. « Ce n'est pas l'idéal. Non, ce n'est pas le moment. Non. » Et je me plaçai sur le lit de la cabine tel un gisant sur le dessus d'un cénotaphe.

J'aperçus un petit tableau dans la chambre, si petit que je ne l'avais pas vu jusqu'alors. C'était une copie du portrait de Ginevra de' Benci de l'illustre Léonard De Vinci. J'eus une sorte de réminiscence me rappelant que cette peinture comportait un secret particulier. Je ne savais plus quoi. Affaire à suivre…

Je tournai la tête et vis qu'à la fenêtre le soleil resplendissait. « Wow », susurrai-je.

Je commençai à soliloquer : « Il fait d'une beauté… »

Le poing au-dessous du menton et les yeux plissés, je commençai à penser : « Ne dit-on pas qu'il fait beau lorsque la lumière du ciel nous éblouit ? Que c'est par la lumière que les choses se révèlent en merveilles ? Le soleil est un projecteur qui fait animer le spectacle de la vie. »

Et à la tombée de la nuit, après avoir contemplé le ciel un long moment et être rentré dans un état de prière et de méditation, de vide intérieur, je me surpris paisiblement à dire : « Maintenant, je me sens bien… »

Je sortis des draps pour me positionner assis, regardant par la fenêtre les étoiles qui constellaient.

« Voici le soir charmant… »

C'est ainsi que commençait Charles Baudelaire dans son poème : Crépuscule du soir. Cette première

phrase pour moi est si chargée d'impact et d'une douce nostalgie, même si ce poème est plutôt sombre. J'aime dire cela lorsque je me sens confortable quand la nuit est tombée.
C'en était un, ce soir-là, à bord de ce train énigmatique.
« Dieu… » Dis-je.
Je me surpris à l'énoncer d'un ton attendri, comme un enfant. Nous sommes toujours ces mêmes enfants que nous étions, en plus grands. J'avais spiritualisé le moment, dans la grâce. Et cela m'avait fait un bien profond.
Le lendemain, de bon matin, le ciel arborait une teinte rosée absolument remarquable. J'étais enchanté de pouvoir profiter de ce paysage. Je décidai avec célérité de sortir de ma cabine pour me poser dans un wagon non loin qui m'avait beaucoup plu. Je m'étonnais d'avoir un sourire incontrôlable et l'esprit d'une immense tranquillité.

Je m'assis près de quelques jardinières suspendues, un espace que je trouvais particulièrement sympathique. Tout lieu peuplé de végétaux fait, de manière évidente, office de refuge pour moi. Oui je n'avais pas oublié notre lien précieux avec la nature.
J'étais venu à cet espace pour poser mon esprit limpide : c'est pourquoi j'avais acquis en un certain temps, un vide, où tout ce qui pouvait me venir serait accueilli comme il se devait. C'était d'ailleurs l'une des conditions que m'avait citées le sage : « Ce miracle vient à celui qui sait pardonner ce que le monde lui a fait endurer, si l'individu prêt à l'accueillir n'est pas un esprit où il fait bon y être, il ne s'invitera pas. »
Et c'est alors que j'entendis une canne frapper le sol,

un vieil homme entra dans le wagon. Il avait les yeux blancs avec des nuances de gris : il était aveugle. Son accompagnatrice était une charmante jeune femme. Elle était vêtue d'une splendide robe à fleurs qui lui allait à merveille. Elle aida le vieil homme à s'asseoir, cela avait l'air rude pour lui. Elle lui lança : « Je pars pendant un petit moment et je reviens. »
Il répondit d'une voix essoufflée : « Oui d'accord… »
Elle partit. Je décidai de retourner à ma peinture. Lorsque je passai à côté du vieil homme, j'entendis : « Quel temps magnifique, n'est-ce pas ? »
Il n'y avait personne d'autre que moi dans ce wagon de repos. Peut-être qu'il se parlait à lui-même. Ou alors, il pensait que la jeune femme qui était avec lui se trouvait encore auprès de lui. Mais je lui répondis quand même.
- Oh que oui, vous avez bien raison !
- J'ai cru entendre les pas d'un jeune homme s'approcher de moi. Ce rythme lent sur lequel vous marchiez n'était pas celui auquel je suis habitué.
En effet, il me parlait à moi.
- Vous avez l'oreille aiguisée, lui dis-je.
- Oh que oui jeune homme, bien que je sois aveugle depuis fort longtemps…
Quelque chose m'intrigua.
- Dites-moi monsieur, comment savez-vous qu'il fait ce temps magnifique, à bord de ce train, si vous êtes aveugle ?
Il me répondit :
- Eh bien jeune homme. Figurez-vous que je ressens la chaleur des rayons de soleil sur mon visage. Chez moi, au sein de ma famille, nous nous levons très tôt, et je suis toujours le premier à remarquer quand le soleil montre son petit bout du nez.

- Oh je vois, comme vous êtes aveugle vous êtes plus attentif à d'autres choses que les voyants négligent plus ou moins.
- On peut dire cela oui. Dites-moi, vous, si ce n'est pas indiscret, pouvez-vous me dire ce qui vous amène à voyager dans ce train ?
- Oh vous savez, vous ne me croiriez pas si je vous le disais.
- Je vous écoute.
- J'ai rencontré un vieil homme qui avait une immense connaissance sur les choses les plus abyssales qui soient, un genre d'ermite qui sait parler aux animaux et entendre les murmures de la nature. Nous discutions de bien des sujets intéressants, nous étions si bien accordés l'un et l'autre, la conversation était fluide, et c'est alors qu'il me proposa de partir en voyage, me disant que j'allais y trouver un miracle.
- Un miracle ? C'est-à-dire jeune homme ?
- Moi-même je ne sais pas. J'ai ramené une toile que j'ai décidé de peindre pendant le voyage, et apparemment j'aurais des blocages pour trouver l'inspiration, qui ne m'est jamais venue. Jusqu'alors j'ai toujours eu quelques moments courts de réflexion avant de peindre, mais là c'est différent, comme s'il y avait un processus de déblocage avant de pouvoir commencer à mettre ma première pose de peinture.
- Etonnant…
- Ce vieux sage m'a dit qu'il y a des conditions pour la venue de ce miracle. Savoir pardonner pour avoir le cœur léger, le regard humble, être digne de bonté.
- Voilà qui est passionnant, jeune homme. Vous l'avez rencontré où ce vieux sage ?
- Au musée d'art de Budapest.
- Au musée d'art de Budapest ? Vous êtes sensible à

l'art jeune homme ?
- Oui, j'y suis sensible à bien des égards. La Beauté me passionne grandement. Et pour moi, c'est vital pour la santé d'un monde. Cela me fait penser à cette citation : « La Beauté sauvera le monde », a affirmé Fiodor Dostoïevski. Cette citation ne m'est pas du tout anodine. Pour moi la Beauté est une perfection invincible. C'est comme l'Amour. Tout ce qui est animé d'amour est, à coup sûr, triomphant. Mère Teresa disait cette phrase : « Conquérir le monde par l'amour. »
Impressionné par ces paroles passionnées, l'homme âgé leva sa main droite brièvement et d'un mouvement léger, comme s'il déposait la dernière note d'une symphonie. Elle était tremblotante, mais pas trop, et ses doigts étaient noueux. Il se replaça lentement sur son siège confortable et annonça :
- Eh bien jeune homme, que j'aime vous entendre dire ces choses.
Un silence. Il reprit :
- J'apprécie d'aller au musée avec ma fille.
- Comment faites-vous pour en profiter ?
- C'est très simple, ma fille me fait la description des tableaux, elle le fait si bien.
- Votre fille ? La jeune femme qui était près de vous tout à l'heure ?
- Exactement.
- Très bien, je suppose que vous utilisez l'imagination.
- Oui tout à fait, j'utilise mon imaginaire, et je rentre en contemplation par les images que mon esprit me projette.
- Intéressant. Vous avez les mots justes pour susciter mon intérêt.
- Je ferme les yeux pour les relaxer. Je me concentre

en me détendant ; et à l'écoute de ce que me décrit ma fille, j'aborde une visualisation, et je me laisse submerger. Les images me viennent d'elles-mêmes. Avez-vous déjà essayé, par exemple, avant de vous coucher, les yeux fermés, dans le calme, de demander à votre esprit de vous envoyer des images ?
- Cela m'est déjà arrivé je pense, oui.
- C'est fabuleux, j'y vois de tout et n'importe quoi. Et parfois, je vous l'assure, j'y vois comme des tableaux magnifiques, voire même de véritables chefs-d'œuvre, s'enthousiasma le vieil homme.
- Je veux bien vous croire.
La jeune femme, qui s'avéra en réalité être la fille du vieil homme, se rapprocha de nous. Elle était belle. Elle dégageait une grande humilité, et une élégance tonale de la voix particulièrement bien élaborée. C'est ainsi que je me tins pour confirmer qu'ils venaient certainement d'un milieu bourgeois. Je la couvai d'un regard plein de sensibilité. Elle arborait un visage radieux, de rondes joues éclatantes et de sombres fards à paupières appliqués avec soin. Son chignon était impeccable, y trouver un cheveu qui dépassait serait aussi pénible que de trouver une aiguille dans une botte de foin. (Mais bien sûr, lecteur, vous savez tout aussi bien que moi que pour trouver l'aiguille, on fait brûler le foin.) Elle m'adressa un grand sourire faisant bondir ses pommettes. Elle se lança :
- Oh, papa, je vois que tu t'es trouvé une compagnie pour discuter. Ravie de faire ta connaissance.
Puis elle me fixa, ce qui ne manqua pas de m'intimider, et me demanda au même instant mon prénom.
- Quentin, ravi également.
Ses mots étaient parfaitement prononcés, on aurait

cru qu'elle récitait une poésie en véritable élève modèle. Il émanait d'elle une grande assurance.
- Moi c'est Alice.
- Oh c'est vrai, nous nous étions tellement embarqués dans des sujets passionnants, que nous ne nous sommes pas présentés, continua le vieil homme, je suis Alain.
- Alors, de quoi parliez-vous ? demanda Alice.
Elle commença à s'asseoir sur un siège à côté, lorsque son père l'interrompit :
- Alice, je vais plutôt proposer à ce jeune homme de boire quelque chose dans le wagon-bar, si cela te convient ma chère.
Elle se redressa, juchée sur ses talons.
- Oh avec plaisir !
Alain se tourna vers moi :
- Qu'en dites-vous ?
- Cela me va, répondis-je.
Nous nous installâmes au wagon-bar.
Nous fîmes connaissance Alice et moi, et Alain resta silencieux.
Les yeux aveugles d'Alain avaient l'air de regarder le sol. Ce n'est pas du tout qu'il s'était exclu de la conversation, c'est plutôt qu'il se concentrait et aiguisait son écoute.
Alice disait que son père savait sentir les personnes qui avaient bon cœur. Le vieil homme prit une grande inspiration et un sourire étira à peine sa grande moustache.
Je brisai le silence :
- Et par quel moyen sait-il reconnaître quelqu'un qui a bon cœur ?
- Bien qu'il soit aveugle, il regarde, disons, d'une autre manière et cela lui permet de voir des choses que peu

ont la chance de voir.
Le serveur vint : « Vous désirez ? »
Nous nous mîmes d'accord et primes tous les trois une infusion aux fruits rouges.
Alain reprit la conversation après avoir siroté un coup.
- Alors jeune homme… voici la question. Elle peut paraître indiscrète mais je pense que dans ce contexte elle est la bienvenue : qu'avez-vous du mal à pardonner de tout ce que vous avez vécu jusqu'ici ?
Alice s'intrigua de la question posée.
Je compris que sa question avait à voir avec les conditions du miracle.
- Je vois.
- Tu as tout ton temps, ajouta Alain.
Mais il me suffit de quelques secondes pour lui répondre :
- Il est vrai que, en scrutant au fond de moi il y a quelque chose de blessé.
- Quelque chose de blessé…
- Oui. Certainement parce que j'ai erré dans les coulisses de la vie marginalement, ne me sentant pas à ma place parmi les autres et m'étant familiarisé avec l'obscurité. C'est certainement cela que j'ai à pardonner.
- Hum.
- Mais… j'ai de temps en temps l'espoir, l'entraperçu, le sentiment de pouvoir faire le bien, de contribuer avec éclat.
- Brave garçon.
Un silence. Le vieil homme fermait les yeux. Il ajouta :
- J'y vois… un cœur blessé, mais je vois surtout un cœur qui ne demande qu'à exposer toute la force et tout l'amour qu'il porte en lui. Afin… je dirais…

oui… de déployer ses ailes. Une dernière chose jeune homme, reprit-il soudain.
- Oui ?
- Pouvez-vous me décrire un paysage ?
Je regardai par la fenêtre et commençai :
- Il y a des gros nuages…
Alain me coupa :
- Non, pas ce que vous voyez par-delà la fenêtre. Décrivez-moi un paysage de votre imagination.
- D'accord. Alors, c'est un endroit idyllique avec de la brume aux reflets de couleurs vives et pétillantes.
Le vieil homme prit une grande respiration, ferma les yeux et se repositionna sur sa chaise de manière confortable.
Je poursuivis :
- Il y a des structures architecturales comme des édifices en pique, il fait un soleil rayonnant comme on ne l'a jamais vu.
- Qu'est-ce qu'il y a derrière ces édifices ?
- Un horizon infini, avec plusieurs ciels de couleurs douces.
- Qu'est-ce qu'on entend ?
- Des chants éthériques.
- Comment sont-ils ?
- Magnifiques.
- Oui, en effet, ils sont magnifiques... Ce paysage, je le vois. Je vois… Et ces chants sont merveilleux.
Il rouvrit ses yeux et se replaça sur sa chaise, car il s'était laissé tellement vagabonder que cela l'avait fait pencher un peu.
Il termina :
- Voilà, très bien.
- Je vous remercie monsieur pour ce moment de douceur. Vraiment.

- Cela ne fait que commencer jeune homme. Laissez-vous donc transporter par cette Beauté et cet Amour dont vous m'avez si bien parlé.
On s'aperçut qu'on en avait oublié de finir l'infusion. On la termina à nous trois, froide.
- Sur ce j'ai une peinture à faire, je m'en vais dans ma cabine, pour appliquer, je l'espère au mieux, tout ce qui a été dit.
- Très bien, je vous souhaite le meilleur, jeune homme.
- Je te le souhaite aussi, maintint Alice.
Je partis dans la couchette pour laisser mûrir tout ce qui avait été dit. Je me plongeai dans un état méditatif. Mais quelque chose m'interpella, mon regard s'orienta vers le petit tableau de Ginevra de' Benci.
« Mais oui ! Le dos du tableau ! »
J'eus un souvenir de ma lecture d'un livre biographique de Léonard De Vinci. Un mot y avait été écrit.
Je me précipitai alors sur le tableau, étant une copie bien entendu, accrochée avec une simple ficelle et un clou planté dans le mur. Je le décrochai. Il y avait bel et bien quelque chose, une inscription derrière : VIRTUTEM FORMA DECORAT.
Ce qui signifie : « La vertu est la parure de la Beauté. »

Chapitre 3 : Apparition

« Notre peur la plus profonde n'est pas que nous ne soyons pas à la hauteur.
Notre peur la plus profonde est que nous sommes puissants au-delà de toute limite. C'est notre propre lumière – et non pas notre obscurité – qui nous effraie le plus.
Nous nous posons la question : "Qui suis-je, moi, pour être brillant, radieux, talentueux et merveilleux ?"
En fait, qui êtes-vous pour ne pas l'être ? Vous êtes un enfant de Dieu ! »
Marianne Williamson

Je décidai de retourner au wagon-bar et de retrouver ce serveur à l'apparence de majordome. Je m'installai :
- Bonjour monsieur, vous passez un bon voyage j'espère.
- Bien évidemment.
- Quelle réponse pleine d'entrain. Cela fait plaisir. Alors, que désirez-vous ?
- Je voudrais bien s'il vous plaît un thé à la menthe si cela est possible.
- Très bien, qu'il soit fait comme vous le désirez.
Sa rhétorique était théâtrale, c'était presque moliéresque.

Le serveur sourit comme s'il cachait quelque chose.
- Je vous amène ça tout de suite.
- Impeccable.
Au moment où le serveur partait, une silhouette familière apparut. Oui, c'était celle de l'homme qui, voulant interagir avec moi, avait fait tomber son sablier. Il s'approcha et amorça la conversation :
- Bonjour, tu sembles apprécier ce lieu, tout comme moi j'ai l'impression. C'est la deuxième fois qu'on se croise ici.
Il était très amical.
Je lui répondis :
- Bonjour, oui ça sera ma troisième, il y a eu un autre passage entre-temps. J'aime beaucoup y être, c'est vrai.
- Oui carrément, moi aussi. Tu as l'air plus détendu que la dernière fois où l'on s'est vu.
- En effet, je dois avoir l'âme radieuse.
- Joliment dit.
Je pris une longue inspiration, comme si je respirais de l'éther.
- Eh bien, reprit l'homme, ça fait plaisir de voir quelqu'un avec autant de sérénité. Je ne me suis pas présenté, je suis Hassan.
- Quentin, ravi.
Nous discutâmes longtemps en appréciant cette bonne compagnie mutuelle. Il avait une énergie telle qu'il semblait sortir d'une aventure. Et c'est alors qu'Hassan me demanda :
- Et où voyages-tu comme ça ?
- A vrai dire, je n'en sais trop rien. Cela vient de la prescription d'un vieil homme.
De fil en aiguille, il me raconta que lui aussi avait rencontré ce même vieil homme. Ce qui me fit

comprendre que je n'étais pas seul à vivre ce genre d'expérience énigmatique. Une fois la conversation terminée, Hassan s'en alla en premier. Lorsque je tournais la cuillère à l'intérieur de ma tasse, tirant satisfaction du bruit que cela faisait, un bruit répétitif et hypnotisant, j'étais ailleurs.

En sortant de mon évasion d'esprit, je m'aperçus qu'Hassan avait oublié un livre. Je me levai et pris soin d'aller voir si je pouvais le trouver dans la direction qu'il avait empruntée, mais personne. Alors, pensant qu'il allait venir le récupérer, je me rassis et décidai de feuilleter le bouquin. C'était un très joli recueil de contes. Il y avait un marque page, il avait fini le premier conte. « Si c'est ainsi, alors je m'occupe du second », pensai-je à voix haute. Je commençai à lire et me laissai submerger peu à peu par l'histoire.

Quand tout à coup, mes yeux s'écarquillèrent.

Je m'étonnai d'être pris d'un grand intérêt pour ce conte… Cela racontait la situation d'un ange qui se trouvait dans un lieu désolé, désespéré. Quand soudain, une voix se manifesta à lui.

« - Oh petit ange empli d'une profonde tristesse, disait cette voix, ne vois-tu pas que ce qu'il y a en toi est d'un rayonnement, d'une force magnifique, qu'attends-tu pour te laisser enflammer par cela ?

Le petit ange se réjouit de cette réponse, la voix était pleine de majesté et de splendeur. Il se prosterna et dit aussitôt :

- Oh, puissante voix céleste, je suis si heureux de vous entendre. Comme vous pouvez le voir, je n'ai point d'ailes pour voler, je n'ai rien qui puisse m'élever. Je suis ici dans ces ténèbres, où chaque espoir lumineux

se retrouve étouffé de noirceur pour l'éteindre.
- Je le vois, petit ange, oui. Je comprends. Reprends confiance, ne te laisse pas consumer, reste droit et brave ce lieu d'obscurité, tu es créé pour la grandeur. Laisse-toi saisir par l'esprit de la création. Et de là, tu pourras ensuite te transformer, gagner tes ailes les plus éclatantes et rayonner de ta puissance sur ce monde…
- De quel monde parlez-vous ?
- Ce monde auquel pourra accéder celui qui aura le regard humble pour t'apercevoir, le cœur léger et digne de bonté, celui qui saura pardonner ce que le monde lui a fait souffrir, celui qui sera prêt à t'accueillir, un esprit où il fera bon y être, pour pouvoir enfin te révéler. »

C'est ensuite que l'histoire s'arrêta, laissant des pages blanches. Et un dernier conte juste après.
Hassan se tenait à côté de moi, je ne l'avais pas aperçu.
- Ce livre te plaît à ce que je vois.
- Oui, ça tombe à pic, je peux te l'emprunter ?
- Bien évidemment, il est à toi, j'ai fait mon chemin avec lui.
Et me revoici face à la toile, j'ai bel et bien l'idée en tête, et je suis, à l'évidence, paré pour entamer ma première pose de peinture.

Cette fois-ci, je ne me mentais pas à moi-même, je me sentais prêt à amorcer cette fameuse peinture. Il était temps.
Je me saisis du pinceau, et cette fois-ci je décidai de placer des couleurs sur la palette. Intuitivement, je choisis des couleurs très claires. Quelques teintes de

bleu, de jaune, du vert turquoise. Aussi, un peu de rouge et beaucoup de blanc. En effet, c'est une belle palette que voilà.
Alors, je sautai enfin le pas et je me mis à appliquer de la couleur. Je me sentais très détendu, dans une sorte d'état de transe. Le curseur de mon attention était complètement dirigé sur l'œuvre en devenir.
Et c'est alors que je mis de la substance sur l'ébauche. D'un mouvement venant de l'épaule jusqu'à la main, je fis de larges traits rapides, mais d'une façon gracieuse. Tout ceci avec maestria.
« Oui c'est ça ! » « Non, pas comme ça ! » « Voilà, tout à fait oui ! »
C'est un processus de décision constant. Le peintre choisit une couleur, et une autre. Un coup de pinceau ici, un coup de pinceau là. Et à terme, il façonne un tableau.
Le sujet se dévoila au fur et à mesure. Je sentis mon cœur bouillir de bonheur.
Je continuai le tableau, et une heure et demie plus tard, cela avait bien avancé, il me manquait seulement les finitions. Alors je décidai de faire une pause. Je sortis et fis quelques pas vers l'arrière pour observer la peinture de plus loin. Et ce fut une véritable surprise…
Après un temps de repos, je m'empressai de m'y remettre pour enfin finir ce tableau. Celui-ci allait devenir le baptême d'un passage vers un niveau supérieur dans ma carrière artistique et… spirituelle.

« Voyons, je n'ai pas du tout terminé ma peinture. »

Je vis que ma peinture n'avait pas été signée. C'est ainsi que je pris le pinceau à la plus petite pointe, pour

y mettre le point final. Avec une belle et savoureuse écriture de calligraphie.
« Je l'ai fait. »
Je fis un sourire en coin de satisfaction. Et lorsque je tournai la tête, je vis le sablier que j'avais fait tomber auparavant. Il manquait un iota de poudre pour que son temps soit écoulé. Sur ces entrefaites, je le posai, et voici que la poudre était complètement tombée en bas.
Oui, monsieur le sage, le miracle était né. A cet instant précis, je voulus qu'il soit présent pour le voir. Soit.
Suite à cela, je souris et fis bondir mes pommettes à en rougir. Il devait sans conteste y avoir des paillettes dans mes yeux. Des larmes de joie roulèrent sur mes joues. A ce moment-ci j'étais un véritable enfant joyeux et allégé de tout fardeau. C'en était envoûtant. Quelle plénitude !
« Faire une fin c'est commencer », dirait T.S. Eliot.
« Ce n'est que le début », pensai-je à voix haute. J'avais rempli mon devoir. Après avoir baillé avec indolence, je pris l'intime décision de relancer le sablier…

Peu de temps après je rejoignais le vieil homme et sa fille Alors que j'avais fini ma peinture, fier de ma production.
- Oui, jeune homme ? Vous n'avez pas tardé à me retrouver.
- Oui monsieur. Alors, voilà…
Un silence. Je repris :
- Voici… un grand… et magistral… archange qui déploie ses sublimes ailes.
Le vieil homme comprit, et se mit dans une posture de concentration et de réception absolue.

- De sa splendeur, il a le pouvoir de toucher et caresser nos âmes par la profusion de sa lumière de toute beauté, cette lumière qui émane fortement de lui et dont on a vraiment l'impression qu'elle se dirige vers nous. Il est d'une grandeur imposante et il semble conquérir par sa prestance divine.
Il y avait à présent un instant magique sans un bruit, hors du temps, hors de tout, mais d'une présence, d'une douceur spirituelle.
- Oui… je le vois, répondit le vieil homme, merci infiniment…
Le ton de sa voix était très significatif.
Ceci étant fait, je partis, me mis sur ma couchette et m'allongeais pour un repos opportun, le cœur allégé…

Partie 3: Malika

Chapitre 1 : Triglav

Les montagnes du Triglav apparurent, immenses et majestueuses. Elles étaient posées là, solidement ancrées depuis toujours, abritant, en contrebas, un lac magnifique où se reflétait tout le bleu du ciel. Les sommets enneigés contrastaient avec toutes les nuances de vert des arbres et de la végétation environnante. Au milieu du lac, j'aperçus une île sur laquelle se dressaient quelques constructions dont un édifice qui ressemblait à un clocher. Je m'imaginai instantanément dans cet endroit, loin de tout, avec pour seuls voisins des montagnes immaculées et un lac paisible. Quel bel écrin pour méditer !

Ce paysage serein m'extirpa quelques minutes de l'agitation qui régnait dans le train. Les voyageurs riaient et bavardaient en finissant de déjeuner. Les enfants, impatients, se levaient et se défoulaient, jouant à cache-cache ou à chat perché entre le personnel de service et les voyageurs. Comme à mon habitude, j'avais besoin d'un moment de solitude pour me recentrer sur ce que je recherchais à travers ce voyage. Pourquoi avais-je pris ce train ? Vers où, vers quoi allais-je ?

Le paysage de l'autre côté des fenêtres était à couper le souffle et je l'admirais avec toute mon attention pour n'en perdre aucune miette.

J'étais en pleine contemplation de la beauté de ce

cadre idyllique lorsque je sentis le train ralentir. J'eus l'espoir soudain qu'il y eût une gare à proximité, mais le trajet prévu n'indiquait aucun arrêt à cet endroit. Pourtant, le train continua de ralentir progressivement jusqu'à s'arrêter. Lorsqu'il fut complètement immobile, un groupe de personnes s'agglutina aux fenêtres, comme pour chercher à l'extérieur une réponse à leur surprise. En effet, les passagers commençaient à s'interroger sur les causes de l'arrêt du train ; on les voyait se questionner les uns les autres ; avaient-ils des informations ? Savaient-ils s'il y avait un danger particulier sur la voie ferrée à ce niveau du parcours ?
C'est alors que retentit ce message sorti des haut-parleurs : « Chers voyageurs, nous sommes au regret de vous annoncer l'arrêt provisoire du train, nos techniciens sont à l'œuvre et font le maximum pour réparer cet incident. Nous vous prions de nous excuser du désagrément causé. » Malgré la voix rassurante de l'agent dans le micro, quelques personnes commencèrent à parler plus fort et à s'agiter. Une partie des passagers, des hommes notamment, se regroupèrent instinctivement afin de commenter cet arrêt inopiné. Chacun y allait de son avis, arguments à l'appui.

L'un d'entre eux, un grand brun au front dégarni, évoqua ses doutes :
- Je savais qu'un tel voyage serait périlleux, j'avais dit à ma femme que son désir de prendre ce train n'était qu'une lubie de plus ! Comment voulez-vous qu'un chemin de fer puisse être sécurisé dans une zone aussi escarpée ?
Il paraissait très anxieux, de la sueur perlait à son

front et sa voix se faisait de plus en plus chevrotante. Un autre passager du groupe partagea aussi son mécontentement :

- Ce qui est sûr c'est qu'ils ont intérêt à réparer cette panne vite fait bien fait ; il est hors de question de payer ce voyage une fortune pour se retrouver coincé au milieu de nulle-part.

Plusieurs autres passagers montrèrent leur indignation et une décision collégiale fut prise : envoyer un groupe de cinq d'entre eux pour aller demander plus d'informations, non pas auprès des agents qui étaient déjà très sollicités par des mamans inquiètes et impatientes, mais directement auprès du conducteur du train.

Dans l'attente de réponses, certains commencèrent à boire, en s'installant tout près des fenêtres pour admirer le décor époustouflant dans lequel ils s'étaient « échoués ».

De mon siège, j'observais les quelques nuages blancs se déplacer dans le ciel, loin du tumulte dont j'essayais de m'extirper mentalement.

La montagne, qui s'élevait de manière majestueuse, était revêtue d'une magnifique parure verte. Des centaines de sapins et différentes essences d'arbres semblaient se serrer les uns aux autres comme pour garder jalousement un secret caché au cœur de cette nature puissante et mystérieuse.

Tout en sirotant leur breuvage, beaucoup se sentaient rassérénés par ce paysage extraordinaire fait de nuances de vert.

Un homme aux cheveux bruns, mi longs et ondulés, qui avait longuement observé le panorama idyllique, se tourna vers sa voisine et lui demanda :

- Saviez-vous que le vert représente l'optimisme, le calme et l'harmonie ?
La femme, une jeune maman qui paraissait fatiguée, le regarda d'un air absent ; elle vit qu'il était plutôt bel homme, habillé d'un jean et d'un polo blanc et qu'il portait une barbe courte bien taillée. Dans d'autres conditions, peut-être aurait-elle apprécié bavarder avec lui, mais pour l'heure, elle se contenta de lui répondre que cette belle couleur verte ne semblait pas calmer son fils qui s'acharnait à lui serrer la jambe.
L'homme se pencha sous la table et vit le petit garçon assis à même le plancher et accroché à la jambe de sa mère comme une moule à son rocher.
- Salut toi ! lui dit-il.
Mais l'enfant se détourna et resserra son étreinte. Sa mère se tourna vers son voisin et haussa les épaules pour lui signifier que l'enfant ne voulant pas coopérer, il était inutile d'insister. Ignorant ce message non verbal, il commença à poser des questions à la maman et à lui raconter ses voyages à travers le monde.
De mon siège, je vis l'agacement sur le visage de la jeune femme et me levai instinctivement pour m'assurer que cet homme ne cherchait pas à profiter de la situation.
- Bonjour, dis-je, en m'asseyant à la même table qu'eux.
- Bonjour, répondirent-ils d'une même voix.
- Vous vous connaissez ? demanda l'homme.
- Pas encore, dis-je en souriant à l'intention de la jeune femme. Comment se passe votre voyage madame ?
- Plutôt bien, mais j'espère que cette panne sera vite réparée car le voyage risque d'être long, répondit-elle.
L'homme intervint à ce moment-là en disant :

- Je pourrais vous tenir compagnie pour que le voyage soit moins long pour vous. J'ai l'habitude de parcourir de longues distances dans le cadre de mon travail et…
- Excusez-moi monsieur, l'interrompis-je. Je ne voudrais pas paraître malpolie, mais je constate que vous portez une alliance, cela signifie que vous êtes marié ?
- Oui, et alors ?
- Votre épouse voyage-t-elle avec vous ? Est-elle dans ce train ?
- Non, ce voyage est professionnel… où est le problème ?
- Vous trouvez cela correct de vouloir tenir compagnie à une femme seule alors que votre épouse n'est pas là ?
- Je ne vois pas en quoi cela peut être gênant, je ne suis pas mal intentionné, se défendit l'homme.
- Je vous remercie de votre sollicitude monsieur, mais je préfère voyager seule avec mon enfant, conclut la jeune femme.
- Très bien, comme vous voudrez. Bon voyage, dit l'homme.
En se levant, il me regarda et ajouta :
- Je vous laisse entre femmes…
Mon regard croisa celui de la jeune femme et nous éclatâmes de rire. Le petit garçon choisit ce moment pour sortir de sous la table, étonné d'entendre sa mère soudainement si gaie.
Elle lui donna un livre qu'elle sortit de son sac et lui demanda de lire quelques minutes, en lui promettant qu'elle lui achèterait une glace pour le goûter. Il fut ravi et s'exécuta, en s'installant à nouveau sous la table.
Sa maman me dit aussitôt, à voix basse :

– Vous n'y êtes pas allée de main morte avec le pauvre homme ! Mais je suis contente qu'il soit parti, je n'avais pas du tout envie de bavarder avec lui.
- J'ai peut-être été dure avec lui c'est vrai, mais je me méfie des hommes mariés qui abordent les jeunes femmes seules, notamment depuis ce qui est arrivé à mon amie. D'ailleurs, vous voyagez seule avec votre enfant ?
- Oui, mon fils ne connaît pas son père. Celui-ci est parti avant la naissance du petit. C'est certainement pour ça que j'ai du mal à faire confiance à un homme.
- Je comprends… « Chat échaudé craint l'eau froide », dit-on. Peut-être faudrait-il commencer par avoir confiance en vous ? Faites une introspection, apprenez à connaître vos propres besoins et vos limites, et vous rencontrerez l'homme qui vous aimera et s'engagera auprès de vous et de votre enfant.
- Ah, des mots emplis de sagesse… Et vous ? Êtes-vous passée par cela ?
- Plus ou moins oui, je me répète ces mots tous les jours, pour m'aider à identifier ce qui compte réellement pour moi et quels comportements je n'accepterais pas. Cependant, je ne sais pas encore si j'ai vraiment réussi à tout me dire à moi-même, la preuve en est avec cet homme, je ne lui ai pas fait confiance au premier abord.
- Peut-être qu'il était mal intentionné et que vous m'avez aidée ?
- Ou peut-être qu'il faisait cela par pure gentillesse sachant que vous avez l'air épuisé avec votre enfant ?
- Peut-être oui mais je préfère avoir une sécurité au cas où. Dites-moi, vous m'avez intéressée avec vos réflexions, qu'est-ce que vous avez fait pour vous lancer dans cette démarche ?

- Eh bien, cela a commencé quand un jour j'en ai eu marre de tout : je pense que je n'ai jamais vraiment pensé à moi, j'ai toujours voulu faire plaisir aux autres et je me suis oubliée en chemin, au point où je ne savais plus quelle direction donner à ma vie.
- Je vous comprends tout à fait. Moi-même, depuis la naissance de mon fils, tout ce que je fais est en fonction de lui.
- C'est peut-être pour ça que vous semblez si fatiguée. Profitez de ce voyage pour vous ressourcer. Que diriez-vous d'un moment de repos pendant que je m'entretiens avec le petit ?
- Oh ça me ferait du bien ! Merci beaucoup.
Je me penchai sous la table et dis au petit garçon :
- Coucou toi, ça te dirait de venir t'asseoir en face de moi ? On va jouer tous les deux.
- Ah ouais, et ça tombe bien, je viens juste de finir le premier chapitre de mon livre. J'aurai droit à ma glace !!
Lorsqu'il fut installé sur le siège en face de moi, il vit que sa maman avait posé sa tête sur ses bras et fermé les yeux. Je mis un doigt sur mes lèvres et lui fit un clin d'œil pour lui signifier de la laisser se reposer.
- Je m'appelle Malika, lui dis-je, et je vais essayer de deviner ton prénom, tu es d'accord ?
- Ouiii, mais tu ne trouveras jamais ! répondit-il en riant.
- Alors donne-moi un indice ! Quelle est la première lettre de ton prénom ?
- V.
- Voiture ? Vélo ? Proposai-je en me retenant de sourire.
L'enfant éclata de rire.
- Vladimir ?

- C'est le nom du chat de mon papy !!
- Valentin ?
- Non, ça c'est mon copain qui est dans ma classe !
- Victor ?
- Ouiiii !! Bravo, tu as trouvé !! S'exclama-t-il en applaudissant.
- Ah ! Je suis contente d'avoir deviné ton très joli prénom ! Et tu sais quoi ? Il y a un grand monsieur qui portait ton prénom et qui disait : « Il était si beau l'enfant, avec son doux sourire, sa douce bonne foi, sa voix qui veut tout dire, ses pleurs vite apaisés » (Victor Hugo).

Je proposai alors à Victor de faire une partie de cartes. Celui-ci m'avoua que le seul jeu de cartes auquel il savait jouer était la bataille.
- C'est parfait, dis-je, faisons une partie de bataille.

Comme souvent lors d'une partie de bataille, cela dura un bon moment. Victor gagnait, il était ravi. Mais, de la même manière que dans la vie un détail peut tout faire basculer, une carte me permit de reprendre la main et de m'en approprier plusieurs autres. Mais rien n'était jamais gagné d'avance, et c'est le petit garçon qui remporta la partie, poings levés, et sourire jusqu'aux oreilles.

Je demandai alors à Victor s'il était d'accord pour que je lui apprenne un jeu auquel il pourrait jouer seul.
- Oh oui, j'aimerais bien savoir jouer à un nouveau jeu, comme ça je pourrai l'apprendre à mes copains !

C'est ainsi que je lui expliquai la règle de la « réussite », sûre que cela développerait la patience du petit garçon. Victor mit un certain temps avant de comprendre comment restituer les familles de cartes en essayant de se débarrasser des as. Il finit par faire une partie tout seul, sans mon aide, et même s'il avait

perdu, il était enchanté d'avoir appris quelque chose de nouveau.
Sa maman ouvrit les yeux, un sourire aux lèvres. Elle semblait plus apaisée depuis qu'elle avait pris le temps de se reposer. Elle enlaça son enfant et lui dit :
- Je suis fière de toi Victor.
Et s'adressant à moi :
- Merci Malika pour votre gentillesse, c'est rare de nos jours…
- J'aurai droit à ma glace maman ? l'interrompit Victor.
La jeune femme sourit et lui dit :
- Oh je crois bien en effet qu'elle est méritée. Mais si tu veux deux parfums il faut terminer le chapitre deux de ton livre !
- D'accord maman, dit-il en se faufilant sous la table.
Je souris à la maman qui semblait tout étonnée de la réaction de son fils :
- D'habitude, il ne coopère pas aussi facilement. Malika, je suis sûre que vous y êtes pour quelque chose !!
- Mais pas du tout, lui dis-je, c'est vous et vous seule qui influencez le comportement de votre enfant lorsque vous vous adressez à lui.
- Mais alors pourquoi jusqu'à présent il était dans la contestation ? Il fallait que je répète dix fois la même chose avant qu'il daigne la faire, et je ne vous parle pas des larmes et des cris…
- Les cris et pleurs de Victor ou les vôtres ? Lui demandai-je en surveillant sa réaction.
Elle baissa la tête et murmura :
- Des deux.
- Alors imaginons que les cris et les pleurs de votre fils ne sont là qu'en effet miroir, et qu'il vous imite

dans votre manière de communiquer. Pourquoi vous, vous en arrivez à crier et pleurer ?
La jeune femme se mit à réfléchir en regardant dans le vide devant elle.
- Parce que je suis fatiguée, souffla-t-elle.
- Fatiguée par quoi ? Continuai-je à la questionner.
- J'en ai marre de toujours m'occuper des autres et jamais de moi ; même si c'est mon fils, je n'en peux plus de me plier en quatre pour répondre à ses caprices…
- Ce ne sont peut-être pas des caprices mais juste les besoins d'un enfant ; il a besoin de sa mère qui va nourrir ses demandes d'amour, de sécurité, d'attention, de considération, etc.
- Oui mais moi qui va nourrir mes propres besoins ? Je vous ai dit que j'élevais seule mon enfant.
- Qu'est-ce que vous avez fait pendant que je jouais avec Victor ?
- Je me suis reposée.
- Quel besoin y avait-il à combler ?
- J'avais besoin de prendre soin de mon corps et de mon esprit en ne faisant rien, juste en fermant les yeux et en écoutant ma respiration
- Qui a nourri ce besoin ?
- Eh bien c'est moi-même… Je peux répondre à mes besoins… toute seule ?
- Pour la majorité des besoins oui, en vous reposant, en prenant soin de vous, en vous ressourçant, vous vous sentirez beaucoup mieux et vous pourrez mieux répondre aux besoins de votre enfant. C'est à vous qu'il incombe de remplir son réservoir affectif, et c'est grâce à cela qu'il saura nourrir ses propres besoins.
- Ah mais je comprends mieux ! Si je résume, j'ai nourri mon besoin de repos, j'ai donc été plus

disponible pour mon enfant, pour l'écouter et pour accueillir ses besoins, tout cela sans cris ni frustration. Et lui, par effet miroir, et du fait de se sentir écouté et compris, collabore sans contester.
- Exactement, vous venez d'initier un beau cercle vertueux.
- Oh merci, c'est grâce à vous Malika.
- Je vous ai seulement aidée à prendre conscience des choses, maintenant c'est à vous de jouer.
Victor sortit de sous la table, triomphant en montrant qu'il avait bien fini son deuxième chapitre et qu'il était temps d'aller commander une glace auprès du gentil serveur du wagon-bar.
Avant de quitter la maman et l'enfant, je sortis de mon sac un petit carnet et quelques crayons de couleur que je gardais toujours sur moi depuis que j'avais entendu parler du coloriage anti-stress.
Au moment de les offrir au petit Victor, une étiquette qui s'était glissée dans le carnet de coloriage tomba sur les genoux du garçon. Celui-ci s'en saisit et, en la brandissant, s'écria :
- Waouuuuh elle est trop belle ta carte, elle est mieux que ma carte collector Pokémon !! Et pourquoi ce Pokémon est tout rond ? Il est bizarre, tu ne trouves pas ?
- Ce n'est pas du tout une carte Pokémon, le dessin que tu vois là représente une boussole, c'est un outil très ancien, qui permet de s'orienter à l'aide des quatre points cardinaux.
- Ah… commenta Victor, déçu.

La maman de Victor me remercia une nouvelle fois et je lui répondis :
- J'ai passé un agréable moment avec Victor et avec

vous. C'est moi qui vous remercie. N'oubliez pas ce qu'a dit l'autre Victor, Monsieur Victor Hugo : « La femme a une puissance singulière qui se compose de la réalité de la force et de l'apparence de la faiblesse. »
Je me sentis soudainement fatiguée et j'eus envie d'aller me reposer à mon tour. Mais en voulant me frayer un chemin entre les tables où quelques clients buvaient café sur café pour masquer leur nervosité due à la panne du train, je croisai un groupe d'hommes en colère. Ils pestaient contre l'indisponibilité du conducteur du train et l'incompétence des agents à répondre à leurs questions. Je me mis sur le côté afin de les laisser passer, mais j'eus peur que leur mal-être déteigne sur moi. Involontairement, des souvenirs lointains se mirent à tournoyer dans mon esprit. Des images dansaient dans ma tête où la colère et la tristesse servaient de décor. Je luttai de toutes mes forces pour repousser ces pensées obscures et me plaçai quelques minutes devant une fenêtre afin de puiser dans la sérénité du paysage. L'effet fut quasi immédiat. J'avais l'impression que les arbres m'envoyaient un peu de leur oxygène pour m'aider à mieux respirer, la montagne me rappelait l'importance de l'ancrage et de la stabilité. Je fus reconnaissante de cette connexion entre la nature et moi. Mon regard se régalait des tonalités de vert et de bleu, et mon cœur s'apaisa enfin.

Chapitre 2 : Rencontre inattendue

En me dirigeant vers ma chambre je repérai, quelques mètres plus loin, un jeune homme adossé à la paroi vitrée séparant la salle de restaurant du couloir principal menant aux cabines. L'attitude sereine de cet inconnu attira mon attention car elle était à l'opposé de l'ambiance qui régnait dans le train. Alors que beaucoup faisaient les cent pas, le jeune homme avait les jambes croisées, une main derrière le dos, appuyée contre la vitre et tenant un livre. Il portait des vêtements originaux pour voyager en train. Il semblait ne prêter aucune attention aux personnes qui passaient devant lui et qui parlaient haut et fort, indignées de ne pas avoir de réponses à leurs questions concernant la panne du train.

Il avait l'air ailleurs, absorbé dans ses pensées, le regard posé sur le sol. Pourtant lorsque je fus sur le point de passer devant lui, il leva la tête et nos regards se croisèrent. En le regardant, je me sentis toute petite, car l'homme était très grand.

- Bonjour, désolé de vous importuner, j'aimerais vous parler quelques minutes, me dit-il en se remettant droit sur ses jambes.

- Bonjour, c'est pour quoi ? Rétorquai-je, presque agressive. Si ça concerne la panne du train, je n'ai

aucune information…
- Non, non, pas du tout. Je suis vraiment navré de vous déranger mais je dois vous dire quelque chose d'important.
Au moment où j'ouvris la bouche pour répondre au jeune homme, un cri de surprise retentit car toutes les lumières venaient de s'éteindre et le train se retrouva dans l'obscurité la plus totale. D'autres cris d'étonnement, ou même de panique, ainsi que des pleurs d'enfants remplirent l'espace durant les quelques secondes que dura cette panne électrique. Désorientée par les ténèbres, je me sentis nauséeuse, un malaise diffus m'animait ; comme si j'étais seule dans un environnement hostile, oscillant entre vertiges et nausées qui me transportaient dans des souvenirs lointains. Je revins à la réalité du moment présent lorsque je sentis un objet tomber à mes pieds.
- Oh je suis désolé, j'espère ne pas vous avoir fait mal, s'écria le jeune homme qui, surpris par l'incident, avait laissé tomber le livre qu'il tenait.
- Non, non, ça va.
Lorsque la lumière fut rétablie, la tension ambiante monta d'un cran. Une telle panne électrique pouvait se reproduire à tout instant, c'est pourquoi de nombreux passagers eurent le réflexe de rejoindre leur cabine. Le jeune homme me saisit alors le bras pour m'entraîner vers une table libre, se frayant un chemin à contre-courant de la foule qui avance en sens inverse.

A la première table libre, nous nous installâmes face à face. Je frottai mon bras en fronçant les sourcils, pour montrer mon mécontentement face à cet individu qui se permettait de me bousculer ainsi. Le jeune homme, ayant perçu mon agacement, me dit d'une traite :

- Je vous demande pardon si je vous ai fait mal, je craignais que le mouvement de foule ne nous sépare et m'empêche de vous parler de ce livre.
Je le dévisageai, de plus en plus intriguée. Les questions qui se bousculaient dans ma tête avaient réussi à évincer, momentanément, la cohorte des pensées douloureuses. Ses yeux bleus me scrutèrent un instant et de sa voix posée, il poursuivit :
- Je m'appelle Quentin et je sais combien cette scène peut vous paraître étrange. Moi-même, lorsque j'ai récupéré ce livre « oublié » sur une table par Hassan, j'étais plutôt dubitatif.
- Hassan ? Je ne connais pas d'Hassan ! Et de quel livre parlez-vous ?
Quentin passa sa main dans ses cheveux blonds et donna l'impression de réfléchir à ce qu'il allait me dire.
Autour de nous, tout était redevenu calme. L'instant était étrange, comme suspendu dans le temps. Le train, toujours à l'arrêt et posé dans un décor vierge, était la scène de cette rencontre inattendue entre Quentin et moi. Lui semblait plutôt calme, serein même. Quant à moi, j'étais en proie à une agitation interne que j'avais du mal à contrôler. Tout ce qui m'arrivait m'affectait au plus haut point. La panne du train, la tristesse de la maman rencontrée plus tôt, l'impolitesse de certains voyageurs, tout cela me ramenait vers des expériences passées qui me faisaient encore mal. Et paradoxalement, le paysage magnifique dans lequel nous étions posés, le rire de Victor, et la complicité née entre sa maman et moi adoucissaient mon cœur.
Voilà à présent que Quentin arrivait là comme un cheveu sur la soupe, mettant en péril cet équilibre

fragile entre émotions douloureuses et apaisement intérieur. Je voulais simplement me reposer, poser mes pensées et ressourcer mon corps fatigué par les coups de stress, mais j'étais loin d'imaginer que la soirée ne faisait que commencer.

Quentin prit une grande inspiration et entreprit de me raconter l'histoire de sa rencontre avec un vieil homme qu'il appelait « le sage » qui, selon lui, marquait le début d'une formidable aventure. Il me confia où et pourquoi il avait pris ce train alors que je ne lui avais rien demandé. Il m'expliqua pendant plus d'un quart d'heure sa quête de lui-même, la rencontre d'un aveugle et sa fille, le conte qu'il avait lu et relu ainsi que la peinture qu'il avait faite. Ah oui, il parla aussi d'un certain jeune homme du nom d'Hassan qu'il avait brièvement rencontré.

Lorsqu'il évoqua sa rencontre avec le vieil homme puis récemment dans le train avec Hassan, un sourire se dessina sur le coin de ses lèvres, et il m'avoua que tout cela lui semblait surréaliste.

- Parfois j'ai l'impression d'avoir rêvé de cette scène où toutes ces péripéties se passaient et je n'étais que spectateur de ce théâtre, précisa-t-il, mais ce fut bel et bien réel puisque le livre qu'il m'a transmis est juste là sous nos yeux.

Mon regard se dirigea vers le livre posé sur la table. Il n'avait rien de spécial qui puisse attirer l'attention.

Voyant que je ne réagissais pas, il continua :

- Après avoir lu ce livre, j'ai senti que quelque chose résonnait en moi, comme si une pièce du puzzle manquant venait d'être trouvée à l'intérieur de moi-même. Cette sensation m'a permis de mieux me connaître mais surtout de plonger dans les tréfonds des énergies et j'ai décidé de le retranscrire dans une

toile… Elle est dans ma chambre d'ailleurs, si vous voulez, vous pourrez venir y jeter un œil.
Je ne comprenais pas encore tout à fait quel était le lien entre le livre (qu'il n'arrêtait pas de toucher et de montrer en permanence) et la peinture, alors naïvement je lui demandai :
- C'est un livre sur la peinture ? Je n'y connais rien…
- Non, non, pas du tout, ce conte est ce qui m'a transcendé et permis l'enfantement de cette peinture.
- Hum, j'ai du mal à savoir si vous êtes sérieux ou pas. Est-ce que c'est au sens figuré que vous parlez d'enfantement ?
- J'ai l'air fou ? demanda-t-il, voyant mon air dubitatif.
- Mais pas du tout, j'aime beaucoup admirer les tableaux des grands peintres mais il faut avouer que votre manière de l'expliquer est difficilement compréhensible pour moi, lui répondis-je. D'ailleurs j'aimerais beaucoup voir le vôtre…
Il resta muet. Malgré mon incrédulité face à son récit, mon intuition me soufflait qu'il était sincère dans sa démarche, ou bien un très bon menteur. Restait à voir si mon intuition était bonne. Je décidai pour la première fois de croire cet homme et lui demandai :
- Après ce que tu viens de me confier, permets-moi de te tutoyer. Si je comprends bien, nous sommes liés maintenant… dis-je pour le taquiner.
Pour la deuxième fois en quelques minutes je me mis à rire. Et cela me détendait, je ressentais un relâchement au niveau des épaules. Quentin semblait fier de mettre un peu de légèreté dans ce moment particulier.
Ma curiosité pour le livre posé sur la table grandissait au fur et à mesure de nos échanges. J'avais de plus en plus de mal à cacher mon intérêt, ce qui n'échappait

pas au regard de Quentin. N'y tenant plus, je lui demandai :
- Pourquoi moi, pourquoi ne confies-tu pas le livre à un autre passager ou une autre passagère ?
Quentin, toujours très calme, me répondit :
- C'est parce que toi aussi tu as rencontré le vieil homme et qu'il t'a confié ton objet, tu as une mission à accomplir, j'en suis sûr ! Au fait, je ne t'ai pas demandé ton prénom.
- Je m'appelle Malika et je ne vois pas de quel vieil homme il s'agit ! Tu parles de mon grand-père ? De mon voisin du dessous ? De mon ancien instituteur que j'ai croisé la semaine dernière ?
- Malika, je t'ai expliqué que si Hassan a laissé le livre, ce que je pense être un acte volontaire, c'est parce qu'il avait vu que je détenais un objet ancien et que lui-même avait reçu du vieil homme un autre objet antique, et c'est comme cela qu'il a fait le lien. Un peu comme s'il n'en avait plus besoin à ce moment mais moi oui. Tout comme ce qu'il s'est passé avec lui, je t'ai repérée grâce à l'étiquette descriptive de ton objet. Lorsque je l'ai vue, je n'ai eu aucun doute car elle a la même taille et la même couleur que l'étiquette de mon sablier.

Ne m'attendant pas à autant d'assurance de sa part, je ressentis comme un moment de panique. Mais comment savait-il que j'avais rencontré aussi le vieil homme dont il parlait ? Je ne lui avais pourtant rien confié ! Bien sûr, lorsqu'il avait mentionné sa rencontre avec Hassan, il avait évoqué leur propre rencontre avec l'étrange personnage et les objets qu'ils en avaient hérités. D'ailleurs à ce moment-là, j'avais senti mon cœur s'accélérer. En l'espace d'une seconde je revis ce qu'il m'était arrivé trois mois auparavant,

échangeant avec un pseudo-touriste qui me faisait penser à la fois à mon grand-père et à un gourou.
Je m'efforçai de repousser les souvenirs et de reprendre mes esprits. Je regardai Quentin et lui demandai :
- Comment le sais-tu que j'ai rencontré le vieil homme ? Quel objet est en ma possession monsieur Je-Sais-Tout ?
Il sentit le ton acerbe de mes questions et malgré cela il se mit à sourire. Il avait le don de m'agacer avec son attitude trop calme, alors que je bouillonnais de l'intérieur, chamboulée par le doute et la peur. Il continua à m'embrouiller avec des éléments qui sortaient d'on ne sait où. J'avais besoin de clarté, d'explication rationnelle et concrète, pas de mysticisme sans aucun fondement concret qui m'exaspérait. J'avais horreur des équations à une inconnue, alors que dire lorsqu'il y a plusieurs inconnues ?
Je continuai à questionner Quentin :
- Mais où as-tu vu cette étiquette et quel objet était dessiné dessus ?
- Lorsque le petit garçon avec lequel tu parlais s'est extasié devant la carte, je me suis retourné de mon siège pour voir la scène car cela m'a mis la puce à l'oreille. Je n'ai plus eu de doute en la voyant et en t'entendant lui expliquer qu'il s'agit d'un outil antique.
- Alors comme ça, je suis épiée ? Je comprends mieux pourquoi tu t'es mis en travers de mon passage…
- Malika, je n'ai pas de mauvaises intentions. Si tu me le permets, je dois juste aller aux toilettes et je reviens pour continuer notre discussion.
Il s'en alla aux toilettes en laissant le livre derrière. Mon regard insistant ne l'avait pas trompé, je ne pus

résister à la curiosité et décidai de l'ouvrir pour en voir le contenu. Soudain, le serveur arriva et déposa des cafés, il en profita pour me glisser quelques mots :
- Madame, je pense qu'il ne faut jamais hâter les choses. Notre curiosité est une bonne chose mais il faut savoir quand la satisfaire et quand la maîtriser.
- Excusez-moi ? Je ne comprends pas.
- Ce livre, il est au grand monsieur et visiblement il y tient énormément donc je vous recommande de faire attention. Il y a déjà des gens qui ont convoité ce livre mais qui se sont perdus dedans.
- Mais il était supposé me le remettre…
- Alors le livre viendra à vous au moment venu mais ce n'est pas maintenant. Profitez de votre café et vous verrez, tout se passera bien, comme quand vous avez décidé de faire confiance à cet homme.
Je restai bouche bée, qui était ce serveur ? Et que savait-il sur le livre ? Je tentai de le retenir pour lui demander des explications mais il me fit un clin d'œil et s'en alla sans se retourner. Je posai le volume, j'étais bouleversée par tous ces événements : un jeune homme qui me racontait des choses similaires à ma rencontre avec le vieil homme, un serveur qui en savait beaucoup trop pour être un simple serveur et surtout un livre qui attisait ma curiosité comme aucun ouvrage n'avait pu le faire avant.
Je regardai vers l'horizon, sirotant ce délicieux café, attendant le retour de Quentin. Un quart d'heure plus tard, toujours personne, c'était à se demander s'il prenait toujours autant de temps aux toilettes ou s'il avait fait comme cet Hassan et laissé le livre volontairement. Une voix lointaine me coupa de mes pensées, Victor se tenait à côté de moi et me souriait :
- Rebonjour Malika, ça va ? Tu as l'air d'avoir la tête

dans les nuages.
- Oui, ça va. Eh bien oui, les adultes ont aussi la tête dans les nuages et parfois ça fait du bien. Ta mère n'est pas avec toi ?
- Non, elle s'est endormie dans la couchette et je ne voulais pas la réveiller. Maman a l'air très fatiguée, du coup je voulais prendre un jus comme un grand !
- Oh, mais tu es bien courageux ! C'est bien mais il ne faut pas trop que tu traines non plus, sinon ta mère va s'inquiéter. Tu as besoin d'aide pour commander le jus ?
- Non, non, je vais le faire moi-même. Regarde comment je vais faire ça tout seul !
- D'accord, je te regarde et je ne dirai rien, dis-je en souriant.
Je l'observai s'exécuter, demandant son jus de pomme au serveur. Soudain, nous fûmes interrompus par l'extinction subite de la lumière qui nous surprit une nouvelle fois.
La plupart des voyageurs étaient dans leur cabine, mais un mouvement de panique commença, une masse de personnes s'engouffrait de plus en plus vite vers notre wagon. Je lisais la stupeur sur le visage du serveur mais surtout la peur chez Victor. Le serveur n'hésita pas et nous cria :
- Veuillez rapidement retourner dans vos chambres ! Tout de suite !
- Mais… mais… j'ai pas eu mon jus, dit Victor.
- Petit, il faut vite retourner dans ta chambre sinon les gens vont te bousculer et tu auras de gros bobos.
- Mais…
Le serveur me fixa et dit :
- Madame, l'heure n'est pas à siroter votre café, partez immédiatement et prenez l'enfant avec vous pour

l'aider s'il vous plaît.
Décontenancée par l'injonction, je jetai un coup d'œil au livre. J'avais envie de le prendre, après tout, Quentin n'était pas là et il ne risquait pas de revenir avant un moment. Aussi, peut-être qu'avec cette foule, le livre serait endommagé ou perdu. Cependant, je ne pouvais pas prendre le livre, mes affaires et Victor, un dilemme s'imposait… Satisfaire ma curiosité ou aider l'enfant.
La foule arriva au niveau de la porte, trois ou quatre mètres nous séparaient d'eux… Quel que soit le choix, il fallait laisser quelque chose derrière moi. Le serveur cria et sauta de son comptoir pour renvoyer les gens vers leurs cabines. Je scrutai les personnes du wagon et je tombai sur le visage de Victor : la peur se lisait sur ses traits, les yeux dilatés, les lèvres tremblantes, il se bouchait les oreilles en se recroquevillant. Quelques secondes s'écoulèrent mais une éternité dans ma tête, j'expérimentai de nouveau mon enfance et tous ces élèves qui avaient peur, honte ou mal, tous ces enfants, dont moi, que j'aurais voulu aider et sauver quand c'était possible. C'était quelque chose que je gardais en moi et qui m'a marquée durant ma vie, qui a lancé ma carrière de professeure, qui a développé mon empathie et ma compassion. A ce moment précis, je n'avais qu'à récupérer la main de Victor et m'échapper mais ce livre avait tellement attisé ma curiosité que je restai paralysée durant ces brefs instants.
Le serveur, ayant réussi à faire partir les gens près de la porte, n'était plus qu'à quelques pas de moi et me dit :
- Madame, voulez-vous regretter de ne pas avoir aidé quelqu'un ou vous satisfaire d'avoir été égoïste ?

Une interrogation, une dizaine de mots, mais un impact démesuré sur moi, toute cette introspection, toutes ces questions, réponses, doutes, remises en question, larmes, rires, compliments, reproches envers moi-même étaient contenus dans cette simple question énoncée par un inconnu qui m'avait dit de ne pas lire le livre d'un autre. Mais trêve de pensées inutiles, je connaissais déjà la réponse au fond de moi-même : je savais que je n'hésiterais jamais à apporter mon aide aux autres, surtout si cette personne était un petit enfant qui ne demandait qu'à être secouru.

« Au diable le livre ! » criai-je. Je bondis et pris la main de Victor puis courus vers le wagon des couchettes. Des adultes bloquaient le passage, paniqués à leur tour et je n'hésitai pas à les pousser et leur dire de partir. Certains me faisaient remarquer que nous étions tous bloqués et à mon tour, je leur signifiai qu'un jeune enfant était avec moi, apeuré et paniqué.

Après de longues minutes à me débattre, je réussis tant bien que mal à amener Victor dans la chambre de sa mère qui, mortifiée par l'annonce, pleurait de ne pas le savoir à ses côtés. J'ouvris la porte en faisant entrer Victor, une joie intense s'afficha sur le visage de la mère qui l'embrassa à le faire suffoquer, comme toute mère aimante, et me prit dans ses bras pour me remercier.

J'étais inquiète pour Quentin et pour le serveur qui nous avait aidés. Sans les paroles de celui-ci, je ne saurais dire si j'aurais pu être capable d'une telle prouesse, réveiller cet instinct pour l'enfant d'une autre était à la fois puissant et épuisant. Je n'avais plus d'énergie et m'affalai sur une chaise. Victor vint à côté de moi et me fit un câlin :

- Merci Malika, tu m'as sauvé, tu es vraiment une

super-héros !
- Oh tu sais, moi aussi je suis maman de trois enfants et en tant que mère, on protège toujours les enfants quoi qu'il arrive.
- Mais moi je ne suis pas ton enfant.
- Oui, mais tu es l'enfant de ta mère et ça c'est suffisant pour aider dans ce genre de cas. Les mamans ont des superpouvoirs qui grandissent quand elles s'aident entre elles.
- Waouh mais du coup moi aussi je pourrais être une super maman.
- Ah non, toi tu seras un super papa, dis-je en rigolant.
- Mais les papas ça n'a pas de superpouvoir.
- Oh si, les papas ont des superpouvoirs mais différents des mamans. C'est pour ça qu'il y a besoin des mamans et des papas.
- Mais moi, j'ai pas de papa…
Je lus une sorte de tristesse dans sa voix, il baissa la tête pour cacher les larmes qui s'écoulaient de ses yeux. Je mis ma main sur sa joue et lui relevai la tête :
- Ecoute Victor, même si tu n'as pas de papa ça ne veut pas dire que tu es méchant ou que ton papa ne t'aime pas. Quand tu vas grandir, tu vas comprendre que la vie est moins facile qu'il n'y paraît et que parfois certaines personnes ne sont pas prêtes à être parents, c'est comme sauter pour la première fois dans le grand bassin d'une piscine. Mais ça ne veut pas dire qu'ils n'ont pas de superpouvoirs, on en a tous mais on décide de les utiliser ou non. Et toi, ce n'est pas parce que tu n'as pas connu ton papa que tu ne pourras pas devenir un super papa. Il faut juste que tu sois prêt le jour où ça arrivera et tout se passera bien.

- Et je pourrai avoir des superpouvoirs comme toi ?
- Bien sûr, peut-être même des meilleurs si tu fais attention à ta maman, et je suis sûre qu'elle sera fière de toi.
Un léger sourire se dessina sous ses larmes, un peu comme la lumière qui apparait après une averse. Le jeune garçon comprenait les mots et l'énergie que je lui transmettais malgré cet épisode de peur et de tristesse.
Il sécha ses larmes et me tapota le genou :
- Tu l'as lu dans le livre ?
- Quel livre ?
- Celui-là, répondit-il en pointant mon sac.
Tournant la tête, j'aperçus le livre. Mais comment s'était-il retrouvé dans mon sac ? Je ne l'avais pas touché et l'avais laissé avec amertume sur la table du wagon bar. Je demandai à Victor si c'était lui qui avait pris le livre et il m'affirma que non, il ne restait donc que le serveur comme bienfaiteur de cette action. Décidément, cet homme était de plus en plus énigmatique, présent dans les bons et mauvais moments, comme une sorte d'ange gardien qui observait le parcours des personnes dans le train.
A la demande de Victor, j'ouvris le livre pour commencer la lecture et en jetant un œil à la quatrième de couverture, je vis un dessin qui ressemblait au palais de l'Alhambra… Bizarre, cela me rappela cette rencontre avec le vieil homme…

Chapitre 3 : Vesna

Cet été-là, il était prévu que je me rende dans la ville de Grenade pour assister au mariage de ma meilleure amie, Carmen.
C'était une jeune femme débordant de vie, de joie et de projets. Elle était fière de ses origines andalouses et avait réussi à convaincre son futur mari de célébrer leur union dans la ville natale de ses parents.
Mais le destin qui l'attendait était terrifiant ; en quelques mois, elle perdit son travail, et son fiancé la quitta pour une autre. J'aurais tant voulu la soutenir, l'aider à rebondir et repartir de plus belle ! Un de perdu, dix de retrouvés, n'est-ce pas ?
Pourtant je ne sus jamais où elle était passée. J'avais appelé tous les contacts que l'on avait en commun, j'avais fait le tour de notre ville des dizaines de fois, envoyé des centaines de mails, en vain. Elle avait mystérieusement disparue, laissant son entourage dans l'inquiétude et la tristesse. A mon tour, je me sentais complètement perdue et pour ne pas sombrer davantage et essayer de penser à autre chose, j'avais pris un avion pour… Grenade. Là-même où mon amie disparue aurait dû vivre le plus beau jour de sa vie. Aujourd'hui encore, je ne m'explique pas la raison de cette destination. C'était comme un appel, un

espoir fou de l'y retrouver peut-être.
J'allais effectivement faire une rencontre incroyable là où je me rendais…
En visite au palais de l'Alhambra, je flânais dans la Cour des Lions à la recherche d'un peu d'ombre pour tromper la chaleur andalouse qui me piquait la peau. Le bruit de l'eau qui s'écoulait des petits ruisseaux et des différentes fontaines était très apaisant. J'allai m'adosser à l'une des nombreuses colonnes. C'est là que je le rencontrai ! Il était sorti de derrière une autre colonne, me faisant sursauter, et s'était dirigé directement vers moi, comme s'il m'attendait là, sagement depuis… longtemps ? C'était un homme, âgé, ça c'est sûr !
Il était tellement souriant et doux que je me surpris à me sentir tout de suite à l'aise en sa compagnie. Il me proposa d'aller nous asseoir sur un banc dans les jardins extérieurs et c'est tout naturellement que je l'accompagnai. La plupart des autres touristes étaient toujours à l'intérieur des nombreuses salles du palais. Nous étions seuls au milieu de ce jardin luxuriant, magnifique. Tous les sens étaient en éveil, les couleurs des variétés de fleurs et de fruits ravissaient le regard quand les odeurs acidulées des orangers et des grenadiers nous chatouillaient les narines.
Le vieil homme me demanda de lui raconter pourquoi j'étais là. Je lui parlai de mon amie dont je n'avais aucune nouvelle et je finis par lui avouer que depuis sa disparition, j'avais mis ma propre vie en suspens, car où que j'aille je la recherchais, quoi que je fasse je pensais à elle et qu'il me semblait que ma vie avait perdu son sens.
Sans me regarder, il bougeait la tête comme pour approuver ce que je disais. J'eus le fol espoir qu'il

sache où était mon amie et je m'écriai :
- Où est-elle ? Vous le savez ? Je vous en prie, je veux la revoir, même une minute !
Et je me mis à pleurer toutes les larmes de mon corps parce que cette fois l'homme faisait non de la tête.
- Je ne sais pas où est votre amie, mais je pense savoir qu'il est temps de prendre votre vie en main et de vivre pour vous…
- Comment osez-vous… l'interrompis-je en reniflant.
- Je comprends votre peine et votre colère mademoiselle, mais faites-moi confiance, je suis bien placé pour vous dire que la vie passe vite, trop vite si l'on ne prend pas garde à nos actes. Nous passons notre temps à courir, n'est-ce pas ? Mais pour qui ? Pour quoi ?
- Caaaarmen !! Me mis-je à hurler comme une démente.
Le vieil homme posa sa main sur mon bras, assez fermement pour me faire comprendre que je devais baisser le volume.
Je finis par me calmer mais deux petits ruisseaux salés continuaient de couler sagement sur mes joues.
- Elle aimait tellement se promener dans ce palais, dérober une ou deux oranges pour les déguster à l'abri des regards. Elle était drôle, joyeuse, tellement généreuse…
Le vieil homme m'interrompit à ce moment-là pour me demander :
- Et vous, qu'aimez-vous ? Comment êtes-vous ?
- …
Il venait de me poser une colle… Il faut dire que je ne m'étais jamais posé ces questions.
- Malika ?
Il venait de mettre fin à mon charabia mental.

- Comment connaissez-vous mon prénom ? Je ne me souviens pas vous l'avoir dit, m'étonnai-je.
Malin comme il l'était, le vieil homme éluda ma question en m'en posant une autre :
- A propos de souvenir, lequel serait le plus précieux à vos yeux ? Celui qui est au fond de votre cœur, bien enfoui sous les mois ou les années ; cherchez celui qui vous fait vibrer seulement en y repensant…
- Euh… je dirais qu'il date d'il y a longtemps, je n'étais encore qu'une fillette de douze ans…
- Racontez-le-moi s'il vous plaît, où et avec qui êtes-vous ? Que faites-vous ?
Je fermai les yeux, je décidai de jouer le jeu et de convoquer la scène qui était jusque-là dans l'ombre de mon cœur.
- Je suis entourée de toute ma famille et de mes amis lors de vacances passées dans la ville natale de mes parents, il y a tous ceux que j'aime… C'est jour de fête et la musique palpite, les jeunes dansent pendant que les parents et grands-parents bavardent autour de plats qui diffusent des senteurs exquises.
Je m'arrêtai quelques secondes mais le répit fut de courte durée puisque j'entendis une nouvelle question :
- Et vous, que faites-vous à ce moment-là ?
- Je l'épie, et j'attends son signal pour aller le rejoindre dans notre coin secret… Ca y est je le vois poser sa main sur son cœur, c'est notre code secret pour dire que la voie est libre… Je le suis de loin en loin jusqu'à arriver à l'arbre qui garde nos secrets. Il fait nuit et les étoiles brillent autant que son regard amoureux… Il prend ma main et me fait cette déclaration que je n'oublierai jamais : « Tu es la colombe, qui d'un coup d'aile dépose la paix sur mon cœur, et qui lorsqu'elle

s'envole, fait couler mes pleurs. Je veux passer le reste de ma vie à tes côtés, t'écouter roucouler et te regarder danser, dans la joie et l'harmonie. »
Je fis silence, comme pour éviter la suite de l'histoire, mais le vieil homme me demanda d'aller au bout de ce souvenir.
Je lui racontai comment un adulte avait surpris notre conversation et déclaré que nous étions trop jeunes pour jouer à Roméo et Juliette. On nous interdit de nous revoir… Fin de l'histoire.
- On dirait que l'histoire se répète, n'est-ce pas ? demanda le vieil homme.
- Comment ? Je ne comprends pas, répondis-je.
- Vous « perdez » votre premier amour et vous voilà désemparée, vous « perdez » votre meilleure amie et vous vous retrouvez une nouvelle fois seule et sans but précis dans la vie, n'est-ce pas Malika ?
- Mais je ne vous permets pas de juger ma vie !
- Inspirez calmement et expirez profondément, il ne sert à rien de vous énerver, je ne veux pas m'immiscer dans votre façon de vivre, mais il me semble urgent que vous vous attachiez à remettre du sens dans votre quotidien pour aller de l'avant et vivre ce que vous, Malika, avez vraiment envie de vivre. Ne le faites pas pour untel ou unetelle, mais pour vous.
Ses mots résonnèrent en moi et je ne sus que dire. Il était vrai que je me laissais porter par la vie sans réellement donner de sens à ce que je faisais.
Le vieil homme profita de mon silence pour sortir de son sac à dos un étui magnifique qui semblait dater du Moyen-Age. Il l'ouvrit et m'expliqua qu'il s'agissait d'une boussole et qu'en l'observant et en méditant sur cet objet, je pourrais enfin me diriger vers mon avenir sans attendre que les autres le fassent pour moi.

Je n'osai pas lui demander s'il avait « pris » cet objet lors de la visite du palais de l'Alhambra, mais je lui fus reconnaissante de m'avoir partagé sa sagesse et pour ce beau cadeau… plein de sens.

Toujours en quête de sens dans ce train en panne, je refermai derrière moi la porte de ma chambre, enfin soulagée de me retrouver seule.
Je m'affalai sur mon lit et sentis mon corps se détendre. Mais mon esprit était plein de pensées et d'images mêlées.
N'arrivant pas à faire le tri dans ma tête, j'allai prendre une douche.
Lorsque je passai devant le miroir je croisai furtivement mon reflet mais il semblait venir d'un autre temps. J'eus l'impression de me voir des années auparavant, lorsque j'étais adolescente. J'hésitai à faire un pas en arrière pour vérifier mais mon cœur battait la chamade et je me sentais figée sur place. Je me promis de me poster devant la glace et d'affronter mon reflet, une fois la douche terminée.
Parfois il suffit de sentir l'eau chaude sur son corps pour que celui-ci se détende et se relâche complètement. Mais qu'en est-il de l'esprit ?
Qu'en est-il de ces idées qui valsent sans cesse, s'en vont puis reviennent de manière incontrôlée et désordonnée ? Comment apaiser la fatigue mentale après avoir détendu les tensions du corps ?
Je me posais ces questions en me séchant dans un grand drap de bain en coton si doux que je décidai de le garder autour du corps quelques instants encore. Je n'avais pas oublié le face-à-face qui m'attendait. Comment aurais-je pu mettre de côté ce rendez-vous avec moi-même puisque c'est ce qui clignotait dans

ma tête depuis de longues minutes, comme une notification qui apparaissait en boucle.
Je m'encourageai à y aller même si mon esprit me guidait déjà vers d'autres tâches afin de l'éviter, afin de m'éviter. Je repensai à ces dernières heures et décidai d'aller faire le bilan avec… mon reflet.
Je me postai devant le grand miroir de la salle de bain, les pieds nus bien ancrés sur le vinyle qui couvrait le plancher. Je soufflai très fort et levai la tête pour me voir, pour me regarder. Je sondai mon reflet en me promettant de ne porter aucun jugement sur la personne que j'allais rencontrer. C'est ainsi que je me fis face. J'observai tous les détails, depuis les gouttes d'eau qui perlaient de mes cheveux bouclés et s'écrasaient sur le sol jusqu'à l'émotion qui faisait briller mon regard.
Mais que se cachait-il au fond de mon âme et que je percevais de manière floue dans mes yeux ? Je fis défiler la journée dans ma tête, et repensai au sourire du petit Victor, ce bonhomme si attachant qui ne demandait que de l'attention. Je surpris mon sourire dans le miroir et reconnus que j'étais fière d'avoir passé ce moment précieux avec le petit garçon. J'avais le sentiment d'avoir accompli une bonne action en le menant jusqu'à sa maman, et me sentis pleine de gratitude pour cela. Je me promis qu'à l'avenir je saisirais les opportunités pour donner de mon temps aux personnes qui en auraient besoin.
Puis je revis la scène avec Quentin… Quelle histoire !! Le livre qu'il avait et qui venait de ce fameux Hassan m'intriguait de plus en plus, bien plus que ne m'intriguait Quentin lui-même, qui, il fallait le reconnaître, n'était pas comme les autres hommes. Il semblait si sincère, authentique et… original !! Il ne

devait pas être du genre à perdre son temps avec des futilités, il allait à l'essentiel.
A propos d'essentiel, il était temps que je me repose un peu ; un dernier regard à mon reflet pour lui promettre que je reviendrais le questionner sur ce qu'il ressentait, et je filai en direction de mon lit.
J'entourai mes cheveux d'une serviette et m'allongeai sur le dos.
Les yeux fermés, je respirai profondément, et alors que j'étais sur le point de m'endormir, on frappa à la porte.
Je sursautai, et en me relevant trop vite, je faillis perdre l'équilibre à cause de ces satanés vertiges ! Je me rassis quelques secondes, on frappa à nouveau et j'allai ouvrir en me demandant qui cela pouvait être. C'était l'agent qui servait les plateaux repas.
Je le remerciai et refermai aussitôt la porte. Je me rendis compte que j'étais toujours enroulée dans le drap de bain ; le sommeil m'avait cueillie sans que je m'en rende compte.
Après avoir enfilé mon pyjama, je dînai à la lueur de bougies parfumées, même si à ce moment-là il n'y avait pas de coupure électrique. J'entendais des passagers circuler dans les couloirs et parler fort malgré l'heure tardive. La panne du train s'éternisait et la tension montait d'un cran.
J'entendais des bribes de phrases comme :
- Je ne vais pas leur faire de pub crois-moi ! disait l'un d'une voix grave.
- Tu parles d'un voyage de noces ! Je n'arrête pas de me disputer avec ma femme, ça commence bien, confiait un autre.
Pour ne plus entendre ces remarques, je mis mes écouteurs dans mes oreilles et laissai opérer la magie

de Chopin.
Une fois la table débarrassée, je ne pouvais plus faire semblant de ne pas voir le livre qui trônait sur celle-ci. Je le pris alors et commençai par le toucher sans le regarder. Les yeux fermés, le piano des Nocturnes pleurant dans mes oreilles, je caressai la couverture du livre qui semblait vivre sous mes doigts. Une énergie en émanait à travers la chaleur douce qui s'en dégageait. Que pouvait contenir ce livre de si puissant que cela transparaissait seulement en le frôlant du bout des doigts ?
Ma curiosité augmentait de seconde en seconde, et lorsque j'ouvris les yeux, je constatai que mes joues étaient humides. Je décidai de ne plus refouler mes émotions ni mes envies, je m'installai sur le lit et ouvris le livre. Il y avait un marque-page assez singulier avec un dessin dessus : un archange que je ne saurais reconnaître. J'observai ce marque-page qui, bizarrement, était inséré au début d'un nouveau conte. Curieuse, je commençai la lecture de ce conte. L'écriture était magnifique, en cursive avec des pleins et des déliés. Je fus très vite prise dans l'histoire d'une héroïne dans laquelle je me reconnaissais un peu. Pour être plus précise, je dirais qu'elle ressemblait à celle que je désirais être. Elle semblait s'adapter à toutes les situations, elle avait les mots justes avec chaque personne qu'elle rencontrait.
Je refermai le livre quelques secondes pour me demander comment j'agissais, moi, avec les personnes de mon entourage, et avec les inconnus. Je repensai au petit garçon avec qui j'avais beaucoup aimé échanger et j'en ressentis une fois de plus fierté et gratitude.
Je repris ma lecture, oubliant les heures qui filaient.

De l'autre côté des vitres, la nuit avait déposé son manteau noir pour que les âmes se posent et que les corps se reposent. Mais à l'intérieur de moi, c'était l'effervescence, je pleurais, je riais selon les péripéties de l'héroïne qui évoluait à travers les chapitres.
Au moment où elle se retrouvait tenaillée entre son père et l'homme qu'elle voulait épouser, la tension était au maximum. Son père était strict et ne comprenait pas le choix de sa fille qui voulait convoler avec un artiste.
- Comment peux-tu aimer un homme qui ne partage pas les valeurs que je te transmets depuis que tu es toute petite ?
- Papa, s'il te plaît, l'amour est la plus belle valeur que j'ai apprise de toi, alors respecte mon choix.
La jeune femme savait qu'en faisant un choix, elle allait perdre l'un des deux hommes. Elle aimait son père, le respectait et l'admirait, mais elle ne voulait pas renoncer à l'élu de son cœur, celui avec qui elle voulait faire le tour du monde et fonder une famille. Que faire ?
Je me demandais comment allait réagir l'héroïne, quel choix elle allait faire, lorsque je fus interrompue par un bruit sourd, qui provenait de l'autre côté du mur de ma chambre. Je tendis l'oreille un instant et essayai de me replonger dans ma lecture.

Mais je me figeai lorsque cette fois j'entendis des éclats de voix, des cris, et des pleurs d'enfant. Je ne supportais pas la souffrance des enfants. Je ne sais pas vraiment pourquoi, mais il m'était impossible d'accepter que l'on fasse du mal à une petite fille ou un petit garçon. Les battements de mon cœur s'accélérèrent et je sentis mes mains trembler. Je

sursautai en entendant un deuxième coup contre le mur. Que faire ?
Aller voir ce qu'il se passe dans la chambre voisine en prenant le risque de recevoir des coups ? Me boucher les oreilles et attendre que cela passe ?
Je trépignais face à mon indécision. Je repensai une seconde à l'héroïne du livre, qui elle-même était prise dans un dilemme.
Mais lorsque me parvint distinctement le cri désespéré d'une petite fille, je bondis sur mes jambes et sortis en courant.
Je frappai très fort à la porte de la chambre voisine, essayant de faire taire mon cœur qui battait la chamade.
Un homme furieux ouvrit la porte violemment :
- Qu'est-ce que vous voulez ? Fichez-nous la paix !! hurla-t-il
- Ce n'est pas vous que je viens voir mais l'enfant que j'ai entendu crier, m'entendis-je lui dire.
- Et qui êtes-vous donc pour vous permettre de venir voir ma fille ?
- Je suis quelqu'un qui saura la consoler avec douceur puisque, apparemment, vous ne savez pas le faire… risquai-je.
- Comment osez-vous prétendre savoir ce que je dois faire ou non ? Éructa-t-il en me saisissant par le bras tellement fort que je criai :
- Lâchez-moi ! Lâchez-moi je vous dis !! Vous voyez bien que vous ne savez pas vous exprimer autrement que par la violence !
- Mais pour qui elle se prend celle-là ? ! Va voir ailleurs si j'y suis, hurla-t-il en me poussant.

J'eus très peur et étais prête à aller appeler à l'aide

lorsqu'un homme passa près de moi. Il avait dû voir la scène car il me demanda de m'éloigner et de le laisser faire. Je le regardai s'avancer vers la porte qui était restée ouverte. Grand, brun, il portait une veste à motifs discrets, très classe et qui soulignait ses épaules carrées. Je vis qu'il engagea la conversation avec l'homme qui m'avait repoussée. Je ressentis une colère très forte envers ce père violent. Dans sa manière d'agir, il m'avait rappelé d'autres hommes qui avaient croisé mon chemin, et c'est cela qui m'était inconfortable, ces souvenirs qui jaillissaient ainsi les uns après les autres.

Je fus surprise de constater que le grand homme brun avait réussi à le convaincre d'aller prendre un verre. Je lui fus reconnaissante d'avoir été là, malgré l'heure, puisque la nuit était tombée depuis un moment déjà.

Une fois les deux hommes partis, j'allai frapper à la porte, avec plus de douceur cette fois.

Une très belle femme blonde aux yeux bleus m'ouvrit. Ses yeux étaient rougis et son bras droit portait des marques. Je frottai le mien, toujours endolori, en disant à ma voisine de chambre :

- Excusez-moi madame de vous déranger, mais j'aimerais entrer quelques minutes s'il vous plaît.

- Oui, entrez, mais je ne vous cache pas que j'ai peur que mon époux revienne et vous trouve ici.

- Ne vous inquiétez pas, je pense qu'il ne reviendra que lorsqu'il se sera calmé. D'après sa violence physique et verbale, il en a pour un petit moment, tentai-je de la rassurer.

- Je suis désolée pour ce qu'il vous a dit et fait, dit-elle en refermant la porte derrière moi. Asseyez-vous.

- Merci. Je m'appelle Malika et je suis votre voisine de chambre, je n'ai pas pu m'empêcher de venir voir ce

qu'il se passait en entendant le bruit et les cris.
- Moi, c'est Vesna, et je suis désolée de vous avoir réveillée avec notre dispute, en pleine nuit.
- Oh, je ne dormais pas, je lisais…
- Ah, figurez-vous que je ne trouvais pas le sommeil non plus et à force de me retourner dans le lit, mon mari s'est réveillé en se plaignant que je l'empêchais de dormir. Il est frustré lorsqu'il est interrompu dans son sommeil, car il n'arrive pas à se rendormir. Il s'est même habillé. Je soupçonne qu'il voulait aller boire au bar. Lorsqu'il est stressé, il a tendance à se consoler avec l'alcool.
- Mais alors, pourquoi était-il dans cette rage ? Pourquoi tant de violence ? Et pourquoi vous vous laissez faire ? Désolée pour toutes ces questions…
- Nous nous sommes disputés à propos d'une histoire que je lui ai racontée. Comme il n'y croit pas, il me traite de folle. Il dit que je crois tout ce que ma famille me raconte. Cela a dégénéré lorsque je lui ai dit que j'avais entrepris ce voyage pour venir sur les lieux du récit. Il est devenu furieux, il s'est senti trahi car il pensait que je lui avais offert ce voyage pour fêter nos dix ans de mariage.
Vesna en était là de son récit lorsque, tout à coup, apparut une petite frimousse dans l'encadrement de la porte qui menait à la couchette. C'était une petite fille qui devait avoir sept ans, les cheveux châtain clair et frisés, et des yeux noisette magnifiques, mais rougis par les larmes ! Je ressentis une autre vague de colère contre le papa.
- Ma chérie, je t'avais demandé de te recoucher, lui dit sa mère.
- J'ai peur maman, je n'arrive pas à m'endormir, répondit la petite fille en venant se blottir dans les

bras maternels.
- Qu'est-ce qu'elle est mignonne cette princesse ! Déclarai-je.
La fillette me sourit, et je lui demandai son prénom.
- Je m'appelle Anastasia, répondit-elle. Tu peux rester avec nous ?
- Je vais parler un peu avec ta maman, et je pense aussi que tu devrais aller te coucher.
- D'accord, mais d'abord j'aimerais donner ce cadeau à ma maman, dit-elle en sortant une petite boîte de la poche de son peignoir. Elle la tendit à sa mère, qui, en l'ouvrant s'étonna de n'y rien trouver.
- Mais si maman, tu vois bien qu'elle est pleine de bisous et de mots d'amour chuchotés pour toi !
- Oh, ma petite chérie, je suis tellement touchée par ton cadeau, c'est très gentil, dit-elle en la serrant dans ses bras. Je t'aime très fort Anastasia. Bonne nuit.

A la vue de cette scène pleine de tendresse, je ne pus retenir quelques larmes d'émotion.
Lorsque la petite fille referma la porte derrière elle, Vesna reprit :
- Si ce n'était pour mes filles, il y a longtemps que j'aurais quitté mon mari.
- Vous avez d'autres filles ? Lui demandai-je.
- Oui, j'ai une fille aînée, adolescente, qui s'appelle Lorena. Elle est beaucoup moins affectueuse que sa petite sœur et s'entend très mal avec son beau-père. Elle est née de mon union avec un autre homme lorsque j'étais très jeune. Il était marié et avait profité de mon innocence pour me faire miroiter monts et merveilles. Il a disparu lorsqu'il a appris que j'attendais son enfant.
A l'évocation de ce souvenir, Vesna soupira et ferma

les yeux quelques secondes. Elle poursuivit ensuite :
- Mon mari a toujours été jaloux de cet homme qu'il n'a pas connu et c'est ma fille qui en paie les conséquences puisqu'il ne s'est pas vraiment impliqué dans son éducation et ne lui apporte pas l'affection dont elle a besoin.
- Mais alors pourquoi continuez-vous à vivre avec un homme qui vous maltraite et maltraite vos filles ?
- Pour le moment je n'ai pas le choix, c'est lui qui subvient à nos besoins, il gère une entreprise d'import-export entre l'Italie et le Maghreb, il gagne bien sa vie, et nous vivons de manière confortable.
- Vous ne m'avez pas dit que c'est vous qui avez offert ce voyage à votre mari ?
- Oui, c'est vrai, j'ai hérité d'un bout de terrain qui appartenait à mon grand-père en Europe de l'Est, et tout l'argent de la revente de ce terrain a servi à financer ce voyage. Mon rêve est d'aller sur les lieux où se passe la légende que m'a racontée ma mère. Ce n'est pas très loin d'ici, ce devait être la prochaine gare, on y serait déjà si le train n'était pas tombé en panne.
- Que dit cette légende ?
- Selon la légende slovène, le Zlatorog est un chamois blanc aux cornes d'or qui vivait dans la région du Triglav. On l'apercevait notamment dans les vallées et sur les sommets du Triglav. Il y a là-bas un jardin paradisiaque où se trouve un trésor caché que le chamois blanc garde jalousement. Mais un jour, un chasseur voulut s'emparer de ce trésor et tira sur le Zlatorog. Le sang qui s'écoula de son corps fit sortir de terre de belles fleurs rouges. Il en mangea une et revint à la vie puis, de rage, il tua le chasseur qui l'avait blessé, détruisit le paradis dans lequel il habitait pour

disparaître à jamais, emportant ainsi le secret de son trésor. Une statue de bronze représentant cet animal légendaire se situe aux bords d'un lac magnifique dans la région de Triglav. Je veux donc aller là-bas, arpenter les vallées que le Zlatorog a foulées, je veux réellement vivre cette légende qui m'a bercée depuis l'enfance.

- Pourquoi ne pas l'avoir dit à votre mari avant ce soir ?

- Il n'aurait jamais accepté que je fasse ce voyage. Il est très égocentrique. Lorsqu'une chose n'a pas de lien avec sa propre personne, il n'y donne aucune importance. Et puis il n'a jamais cru aux histoires que racontent les anciens. Moi je suis persuadée qu'en cherchant le trésor du Zlatorog, je trouverai le trésor qui est caché en moi. C'est comme un appel. Une fois là-bas, je sais que je trouverai la force de faire face à mon mari, à mon histoire, à ma vie.

Je ne savais que penser de tout ce que venait de me raconter Vesna, mais je sentais naître en elle une force insoupçonnée.

Je l'encourageai donc à croire en son rêve, je la serrai dans mes bras et retournai dans ma chambre.

Chapitre 4 : Chère enfant

En me posant sur mon lit, je ressentis une fatigue extrême. Il restait quelques heures avant le lever du jour et je n'avais pas dormi. Les quelques minutes de sommeil volées avant le dîner m'avaient fait du bien mais je sentais que mon corps demandait une pause.
Je me réveillai une heure plus tard, et ne ressentis pas le besoin de rester couchée. En rallumant la lumière, une étincelle éclaira mon esprit. Je revis la scène de cette nuit en accéléré et quelques bribes de souvenirs commencèrent à se mêler à ce que je venais de vivre. La violence des mots et des gestes du père de famille, le désarroi de la maman, le manque de repères de la fille aînée de Vesna, et l'insécurité de la petite Anastasia ; tout cela résonna en moi et me transporta en terrain connu, plusieurs années auparavant.
Les larmes montèrent à mes yeux sans crier gare, mais peu importait, je ressentis le besoin urgent de poser sur le papier ces souvenirs et les émotions qui y étaient liées. Je sentais que ces souvenirs inconfortables m'avaient titillée toute la soirée et qu'il était temps de les laisser aller. Plus les phrases s'enchaînaient sur les feuilles de papier et plus mon cœur s'apaisait. Les mots ainsi déposés soulageaient mon cœur des maux qu'on lui avait imposés.

Lorsque je relevai la tête, l'aube naissait, majestueusement, rendant au jour sa lumière. Mon cœur se gonfla de gratitude à la vision de ce paysage évanescent. J'avais l'impression que quelque chose avait changé en moi. Je ne savais pas si c'était parce que j'avais affronté ma propre peur en allant me confronter à un homme en colère, comme l'héroïne du conte, ou parce que j'avais écouté une femme sans la juger. Ou alors, c'était le fait d'avoir écrit ces mots... Peut-être que mon soulagement intérieur découlait du moment que je venais de passer avec moi-même ?

Je finissais en effet de composer une lettre très particulière, puisqu'elle était destinée à la petite fille que j'avais été. Des émotions enfouies, des souvenirs comprimés, des larmes réprimées depuis des années, voilà ce qui me pesait. J'allai me regarder dans la glace de la salle de bain, je n'avais plus peur de me faire face. Dans mon regard, je décelai une pointe de fierté ; j'étais heureuse d'avoir retrouvé l'enfant en moi.

Lorsque je sortis de ma chambre, il était encore très tôt et il y avait peu de personnes au restaurant pour le petit-déjeuner. Je commandai un café et allai m'installer à une table lorsque j'aperçus une jeune fille blonde, plongée dans la lecture d'un livre. Je me dirigeai vers elle et lorsque je m'installai en face d'elle et qu'elle releva la tête je crus voir Vesna en plus jeune.

- Lorena ? Lui demandai-je, surprise.

- Oui, c'est moi, me répondit-elle en souriant.

- Tu es le portrait craché de ta maman, c'est fou !

- On me le dit souvent. C'est toi qui étais dans notre chambre la nuit dernière n'est-ce pas ? demanda-t-elle en posant son livre sur la table.

- Oui, mais je ne t'y ai pas vue ? Comment m'as-tu

reconnue ? M'étonnai-je.
- C'est votre voix qui m'a mise sur la piste, dit-elle en souriant, fière d'elle. Je vous ai entendue commander votre café et j'ai tout de suite reconnu votre voix.
- Comment vont ta maman et Anastasia ? Osai-je.
- Elles dormaient encore quand je suis sortie de la chambre, dit-elle, mais de toute façon il recommencera, ajouta-t-elle à voix basse, comme si elle se faisait cette remarque pour elle-même.
Lorena me parut tout à coup abattue. Son regard baissé et sa mine triste me fendirent le cœur, et je ne sus comment lui faire oublier cette triste réalité. C'est elle qui interrompit le silence qui s'était installé depuis quelques secondes :
- Bon, je vais vous laisser, je vais aller m'occuper de ma petite sœur, elle aime beaucoup se faire coiffer par moi.
- Ah mais dis donc, tu en as des talents ! Lui dis-je.
- Comment ça ?
- Depuis que je t'ai rencontrée, il y a quelques minutes, je constate que tu as l'ouïe fine, puisque tu as reconnu ma voix, tu as un très bon goût pour les auteurs de polars, tous les adolescents ne lisent pas Agatha Christie, et tu as l'art de la coiffure… Je serais curieuse de savoir quels autres talents tu caches.
Lorena avait rougi et souri, elle se rendait compte qu'effectivement elle avait quelques atouts malgré son jeune âge.
Je la vis hésiter, puis fouiller dans ses poches pour en sortir un morceau de papier écorné qu'elle me tendit.
Je la regardai, surprise, ne sachant que faire de cette feuille pliée.
- Vous pourriez lire ce texte et me dire ce que vous en pensez ? me demanda-t-elle.

Je pris la feuille et repensai aux rédactions que les professeurs de français nous demandaient de rédiger au collège. La plupart de mes propres écrits de ces années-là étaient des textes fades sans fond, et truffés de maladresses grammaticales. Lorena était toujours assise en face de moi et semblait attendre un verdict. Je dépliai la feuille et vis apparaître un sonnet écrit en bleu turquoise. Je reconnus tout de suite la forme de ce poème avec ses deux quatrains et ses deux tercets bien distincts. L'écriture était belle. Voici ce que le texte disait :

Si tu étais là
Si ton corps était à portée de mes doigts,
J'y ferais éclore mille notes de joie,
De ta peau, je capturerais les senteurs
Pour parfumer mes matins de bonheur.

Je marierais mes mains aux tiennes
Pour le meilleur d'une étreinte sans gêne,
J'unirais nos amours impatientes
Sous l'éclat jaloux des étoiles scintillantes.

Sous tes yeux, je déshabillerais mon âme,
Pour que tu y voies danser la flamme,
Attisée par les mots que ton cœur déclame.

Ta voix serait mon unique repère
Qui me guiderait sans retour en arrière
Vers l'ivresse de notre ciel bleu clair.

Je n'en crus pas mes yeux ! Autant de sensualité chez cette toute jeune fille ! Elle semblait encore une enfant et pourtant, au-dedans elle était déjà femme.

- C'est magnifique Lorena, c'est osé mais tellement bien écrit, lui dis-je. Et qui est l'heureux élu ?

Lorena récupéra sa feuille en répondant :
- Un connard du même type que mon beau-père…
Je n'eus pas le temps de dire quoi que ce soit, elle avait pris son livre et s'était levée pour partir. J'eus peur pour elle, peur qu'elle reproduise le schéma de sa mère et aille se jeter dans les griffes d'un homme violent. Je me levai à mon tour pour tenter de la rattraper et lui demander de faire attention à elle. Mais c'est à ce moment précis que des secousses firent trembler le train. Les lève-tôt qui prenaient leur petit-déjeuner commencèrent à exprimer leur soulagement. On entendait des « enfin ! », « ah quand même ! », « on repart mon chéri, on arrivera bientôt chez mamie ».
Mais leurs espoirs furent de courte durée car le haut-parleur cracha un énième message qui disait :
« Mesdames et messieurs, nous sommes désolés de solliciter à nouveau votre collaboration. Pour permettre une meilleure gestion de l'intensité électrique dans les différents wagons, nous vous demandons de bien vouloir vous avancer vers l'avant du train. Les chambres vont être privées de courant électrique dans quelques minutes. »
S'ensuivit un branle-bas de combat qui me donna la nausée. Les voyageurs qui dormaient encore furent réveillés par le remue-ménage de leurs voisins de chambre qui se dépêchaient de se doucher, se raser, etc. On entendait les portes claquer, les parents gronder les enfants qui traînaient au lit. Et une file commença à se former en direction des salles de restaurant qui se situaient juste derrière la rame automotrice.
Heureusement j'étais déjà sur les lieux, il me suffisait de me rapprocher de la porte et de prendre place sur

un siège. J'avais un livre et de quoi écrire dans mon sac, tout allait bien. J'en étais là de mes pensées lorsque je vis l'homme qui, la veille, avait su distraire mon voisin de chambre colérique et violent. Je me fis la réflexion que je devrais le remercier, car sans son intervention, je n'aurais pas pu prendre le temps de discuter avec Vesna, d'entendre l'histoire de celle-ci et de faire la connaissance de ses deux filles. Malgré la courte nuit qu'il avait dû passer, cet homme semblait en pleine forme, et contrairement aux autres passagers, il dégageait une certaine sérénité. Je le vis saluer quelqu'un de loin en faisant un signe de la main. Lorsque je me tournai vers la direction où il regardait, je vis qu'il s'agissait de Quentin !! Le grand blond aux yeux bleus qui avait « laissé » le fameux livre de contes, et que je n'avais pas revu depuis notre rencontre. Lui non plus ne semblait pas affecté par la situation chaotique qui régnait dans le train. Se connaissaient-ils depuis longtemps ou s'étaient-ils rencontrés ici ?

Lorsque je vis arriver le mari de Vesna, je m'éloignai, car je ne voulais pas le croiser. J'allai m'installer au bout de la voiture et perdis ainsi de vue l'homme brun et Quentin.

Je m'assis à côté d'une dame d'un certain âge, apprêtée comme si elle se rendait à une cérémonie de mariage. Les cheveux d'un blond très clair, courts et ondulés, entouraient son visage que les années avaient creusé de ridules. Ses lèvres fines étaient teintées d'un rose pâle qui rappelait le ton de sa veste de tailleur. Elle portait un pantalon en toile noire et des chaussures vernies à petits talons. Après l'avoir saluée et l'avoir complimentée sur son élégance, je regardai le paysage derrière les vitres. Le soleil était timide et se

cachait encore derrière les montagnes que l'on apercevait au loin.
Les sièges se remplissaient petit à petit ; les voyageurs étaient exténués de ce voyage qui tournait au cauchemar. La fatigue se lisait sur les visages et dans les propos de certaines personnes qui continuaient de se plaindre de cette situation. Je me retournai dans l'espoir d'apercevoir Vesna et ses filles, mais je ne les vis pas. Par contre, Quentin et l'homme brun étaient assis l'un à côté de l'autre deux rangées de sièges plus loin et semblaient en grande discussion. Je n'eus pas le temps de réfléchir à leur relation car ma voisine me tirait par le bras.
- Qu'est-ce que vous faites dans ce train ? me demanda-t-elle d'un ton désagréable.
- La même chose que vous ! Lui répondis-je sur le même ton.
- Oh ça va, ne vous fâchez pas, vous me faites penser à ma fille.
- Si vous parliez de la sorte à votre fille, comment vouliez-vous qu'elle vous réponde. Les enfants apprennent beaucoup des parents. Malheureusement les enfants n'osent pas exprimer leurs besoins par des mots, ils préfèrent adopter des comportements inadaptés pour attirer la considération de leurs parents.
- Vous êtes psychologue ?
- Pas du tout, mais je m'intéresse au domaine de la communication pour soigner ma propre relation avec mes parents.
- Mouais. Je parie que vous n'êtes pas mère, vous sauriez par quels sacrifices on passe pour élever ses enfants. Mais entre nous, je ne vous le souhaite pas. Une fois grands et autonomes, ils vous laissent

tomber et ne daignent même plus répondre au téléphone.
Cette femme me faisait de la peine car je sentais bien sa souffrance, mais elle s'était tellement endurcie que son discours devenait désagréable à écouter.
Derrière nous, les gens s'agitaient, les parents avaient du mal à contenir leurs enfants. La tension était palpable et je commençais à nouveau à ressentir cette gêne à l'intérieur, mon esprit se brouillait avec des pensées qui venaient de moments variés de mon passé. Des mots que j'entendais derrière moi entraient en résonnance avec des souvenirs refoulés et je me sentais de plus en plus vulnérable.
La femme assise à côté de moi continuait sa litanie et je ne pus contenir ma nervosité lorsque je l'entendis dire :
- Pourvu que ce train se remette en marche et s'écrase quelque part, qu'on en finisse une fois pour toutes, j'en ai marre d'attendre que mes enfants se souviennent de moi.
- Est-ce que vous vous rendez compte de votre égoïsme !! Hurlai-je.
Elle me regarda, surprise de m'entendre hausser ainsi le ton. Je continuai, parlant beaucoup trop fort :
- Vous pensez un peu aux autres ? A ces gens qui veulent aller voir des personnes chères, à ces femmes et ces hommes qui patientent pour cheminer vers leurs rêves ? A ces enfants, à ces jeunes qui découvrent la vie et tracent leur destin ? Vous y pensez ? !!
Lorsque je me tus, je remarquai que derrière nous s'était installé un silence inhabituel. Je me retournai et vis que Quentin et son voisin me regardaient, ainsi que tous les autres voyageurs. Je devins rouge écarlate

car j'avais attiré l'attention, moi qui faisais tout pour passer inaperçue. Je remarquai dans le regard appuyé de Quentin comme une marque de soutien. C'est comme s'il avait remarqué que quelque chose avait changé en moi, comme s'il savait que la magie du livre avait opéré.

Je sentis le déclic en moi se produire lorsque la vieille dame me nargua en disant :

- Que connaissez-vous de la vie ? Vous n'avez aucune expérience, vous n'êtes qu'une enfant trop gâtée.

A ce moment-là, je me levai, presque de manière machinale, sans réfléchir. Mon corps décidait pour moi et j'eus peur de ne pas savoir me maîtriser. Les mots de cette femme m'avaient poignardé le cœur. Une enfant gâtée, moi ? Elle allait voir si j'étais une enfant gâtée !

Une fois debout, je me retournai pour avoir les autres voyageurs de face. Je m'approchai de Quentin pour le saluer et j'en profitai pour remercier l'homme brun pour son aide lors de la nuit passée. Il me dit que c'était tout à fait normal et me demanda si j'allais mieux.

Je m'entendis lui répondre :

- Oui, oui ça va, merci. Je… j'aimerais dire quelque chose à toutes les personnes présentes et notamment à ma voisine qui vient de porter à mon encontre un jugement complètement injustifié… J'ai besoin de votre aide à tous les deux.

Les deux hommes échangèrent un regard entendu et Quentin se leva. Il dominait le wagon plein de monde de par sa taille, et sa voix grave et posée résonna :

- Nous vous remercions tous de bien vouloir faire silence afin d'écouter ce que notre amie Malika veut bien nous dire.

Tout le monde se tut et me regarda. A cet instant j'aurais voulu être ailleurs mais je vis trois paires de mains se lever et m'encourager, il s'agissait de Vesna et de ses deux filles. Je repensai à ce qu'endurait cette femme et à l'héritage douloureux qu'elle laissait à Lorena et Anastasia. Le fait de penser à elles me donna une force incroyable.
En se rasseyant, Quentin pressa ma main pour m'encourager et je compris à cet instant qu'il n'y aurait pas de retour en arrière.
Je me reculai pour que la vieille dame puisse me voir et commençai par dire d'une voix forte :
- Nous sommes tous ensemble dans cette aventure pas très agréable, nous n'avons d'autre choix que de prendre notre mal en patience en attendant le dépannage du train pour repartir vers nos destinations respectives. Je vous propose de partager mes réflexions toutes récentes concernant mon propre vécu. Selon certains je n'ai aucune expérience (je regardai droit dans les yeux la vieille dame), mais je vais vous démontrer que dès la tendre enfance, chaque acte et chaque parole s'impriment en nous pour la vie. C'est pendant ce voyage que nous partageons, dans ce même train, que j'ai réalisé l'importance de jeter un œil en arrière pour comprendre qui nous sommes aujourd'hui et tendre vers un avenir qui nous ressemble.

Pendant que je cherchais dans mon sac la lettre que j'avais écrite, j'entendis :
- Mais qu'est-ce qu'elle raconte…
C'était un homme avachi dans son siège et qui complétait une grille de mots croisés qui avait dit cela. Habituellement, une telle remarque m'aurait

déstabilisée, mais je sentais le soutien de mes amis dans leur regard et je poursuivis :
- À la petite fille que je fus.
Cela fait tellement longtemps que je rêve de ce moment ! Celui où je pourrai t'écrire en toute liberté, en toute sincérité, en puisant directement dans mon cœur et dans ma mémoire. Je sais que ce moment est arrivé car les larmes qui coulent sur mes joues pourraient me servir d'encre, mais elles donneraient une saveur amère à mon écrit. Cette lettre que je rédige, je la veux réconciliatrice, je la veux constructive. Cette lettre c'est comme un pont entre toi et moi ; c'est comme si je tendais la main à l'enfant que j'ai laissée derrière moi sans me retourner. Cette lettre est une lettre d'amour, une lettre de pardon, une lettre d'espoir. C'est ce cri que j'ai gardé au fond de la gorge, c'est cette plaie dans un recoin de mon cœur. Cette lettre c'est pour dire stop à la fuite en avant ; il est temps de nous regarder dans le cœur toi et moi.
Viens dans mes bras, je veux te serrer très fort et te chuchoter tout ce que tu dois entendre pour que l'adulte que je suis puisse t'accueillir avec joie à chaque souvenir.
Je sentis les larmes rouler sur mes joues et ma voix trembler, mais je sentais aussi que rien ne pourrait m'arrêter. Je tenais à partager cette rencontre avec moi-même. Je continuai à lire à travers les larmes :
- Je sens que tu trembles, que tu as peur, mais ne crains rien, je suis là aujourd'hui, pour toi, je viens te chercher pour te montrer ce que tu es devenue : une femme libre, une adulte qui a pris la responsabilité de s'améliorer et d'évoluer sans laisser personne l'en empêcher.
Je t'entends murmurer, tu oses à peine parler, tu es

comme muselée. On t'a bâillonnée, alors que tu es si petite, si fragile. On t'a contrainte au silence alors que tu as tant de questions au bord des lèvres.
Je n'osais plus regarder les gens qui continuaient d'écouter en silence. Je ne savais plus si je devais continuer ma lecture ou arrêter là. Ma décision fut prise lorsque je sentis quelqu'un s'approcher de moi et s'accrocher à ma jambe. C'était la petite Anastasia qui venait me consoler, je me baissai pour la serrer dans mes bras et lui chuchoter « merci ». Je la rassurai en lui disant que tout allait bien, elle retourna vers sa maman et je continuai, plus déterminée que jamais à déclamer ma lettre :

- Ma petite, ma toute petite, tu peux me poser toutes les questions que tu désires, je te répondrai avec ce que j'ai appris au fil des ans. Tu me susurres que tu as manqué d'amour ; je dirais plutôt qu'on n'a pas su te le donner, ou te le démontrer. Je suis là pour rattraper cela. Si papa et maman ne t'ont jamais dit « je t'aime », c'est probablement parce qu'eux-mêmes ne l'ont jamais entendu de leurs parents. Moi, je t'aime, et je te le répéterai chaque jour.
Je te regarde en face, de l'autre côté de la glace, et je vois au fond de mon regard sombre une étincelle qui jaillit, et je sais que c'est un signe de toi, cette lueur qui me rappelle que tu es toujours là, brin d'innocence, rêve d'amour inconditionnel. Je t'aime et je te demande pardon.
Je fis une pause et osai un regard vers l'auditoire, je fus surprise de constater que la plupart des voyageurs étaient attentifs, attendant la suite. Je vis briller les yeux de quelques femmes à qui mes mots parlaient sans doute.
Quentin me fit un signe de la tête pour m'encourager

à poursuivre.
Je continuai alors ma lecture, mais j'avais l'impression de connaître mon texte par cœur :

- Aujourd'hui, nous sommes là toutes les deux, main dans la main, cœur sur le cœur, à la recherche de notre destin. Nous allons mettre de la lumière sur toutes ces zones d'ombre et nous finirons par briller comme les étoiles d'un ciel d'été.
Tu es arrivée au monde dans la douleur et le rejet. Ils ont dit : « Oh ! C'est une fille ! Quelle malchance ! » Oui ma petite, et à chaque fois que j'y repense, mon cœur se soulève. Mais je t'emmène sur le chemin du pardon pour panser ce sentiment d'abandon. On peut leur trouver mille excuses, la culture, l'ignorance, et si elles préféraient les garçons, sache que Dieu est Tout-Puissant et qu'Il dépose autant de valeur dans chacune de Ses créatures. Et c'est mon message ultime pour toi : tu as de la valeur, tu n'as besoin de personne pour relever la tête et avancer vers ton bonheur.
Je relevai la tête à ce moment-là et vis que la vieille dame avait baissé le regard. Les autres passagers m'observaient toujours et leur attention me surprit et me toucha, je leur annonçai alors que j'allais leur réciter un poème que j'avais écrit pour mes parents.

« Papa, maman, je ne saurais vous dire
Combien de nuits ni combien de jours,
J'ai passé à jongler entre haine et amour,
Et à m'évader dans de drôles de délires.
Je sais le déracinement, je sais l'exil,
Cette frustration de ne pas se sentir à sa place.
Pour moi non plus ce ne fut pas facile
De vivre en évitant mon reflet dans la glace.
J'aurais voulu oublier l'affreuse douleur

En effaçant petit à petit mes souvenirs,
Mais au final, ce n'était qu'un doux leurre,
Que celui de vouloir m'en démunir !
Aujourd'hui ce chagrin me donne la force
D'affronter mes peurs et mon mal-être,
D'aller chercher le changement que j'amorce
Pour enfin éclore et simplement être !"

J'osai un regard vers l'auditoire et je remarquai que certains parents serraient leur enfant tout contre eux. Cette image me mit du baume au cœur.

Je croisai le regard de Lorena et lui fis un clin d'œil, comme pour lui dire que je lui dédiais ces mots. Je poursuivis ma lecture :

- Ma toute petite, relève le menton, sèche tes larmes et reprends ta mission. Elle n'est autre que celle de tout enfant, qu'il soit noir ou qu'il soit blanc. Elle consiste à vivre ici et maintenant et à s'émerveiller face à la vie. Laissons les futilités aux ingrats qui ne voient pas que derrière chaque instant se cache un miracle. En chacun de nous réside une lumière divine que l'on se doit d'entretenir, à travers la reconnaissance, même face à l'obstacle. Vivons, toi et moi, toi au fond de moi ; fais-moi redevenir l'enfant qui ne pense pas à demain et qui sait jouir du moment présent. Je veux réapprendre à m'extasier devant les pétales d'une rose qui ose dévoiler son intime beauté. Je veux danser sous la pluie sans me soucier du regard des autres. Qu'avons-nous à faire des on-dit ?

J'inspirai un grand coup et repris :

- Ma petite, ma toute petite, il est l'heure de transformer la peine accumulée en force décuplée. Tes épreuves ont une raison d'être que tu ne peux pas connaitre, mais ta faiblesse d'hier est ta force

d'aujourd'hui. Nous sommes ensemble, réunies pour porter à bout de bras tout ce qui nous a pesé sur le cœur. Toi l'enfant, moi l'adulte, retrouvons la légèreté de sourire à la vie comme elle s'offre à nous et battons-nous pour la rendre meilleure aux autres.
Laisse-moi te dire que ton bonheur ne viendra pas d'autrui, ni d'un mari, ni d'un père, ni même de ton enfant. Ton bonheur siège quelque part au fond de toi, au fond de moi. Je viens te retrouver aujourd'hui pour que tu me dises tes goûts de petite fille, tes rêves inavoués, peut-être oubliés. Je veux savoir à quoi tu penses, ce que tu aimes faire ou imaginer. Je veux parsemer mon quotidien d'un peu de toi pour me libérer des chaînes de mes pensées. Remettre des couleurs d'enfance dans ma vie d'adulte pour pétiller de joie et raviver l'espoir, tel est mon désir !
J'avais fini mon discours, je me sentais exténuée. D'un seul coup j'entendis des applaudissements et des « bravo ! » de voyageurs qui avaient apprécié mon partage. Lorena me rejoignit et on se serra dans les bras. Pendant que je l'étreignais je vis Quentin et son voisin échanger un sourire. J'étais fière de ce que je venais de faire.
Pour couronner le tout, on sentit le train se mettre en branle et un message retentit pour nous annoncer la reprise du voyage !! Ce fut une explosion de joie !

Partie 4 : Le début de la fin ou la fin du début…

Chapitre 1 : L'arrêt

C'était un nouveau jour, Malika se réveilla tout de même bien fatiguée. Elle prit, d'un soupir libérateur, la décision de se poser quelque part. Elle se mit alors à chercher un endroit favorable pour cela, de wagon en wagon, les gens qui passent et qui repassent, sans y faire attention, ce n'était qu'un décor mouvementé sans y avoir l'impression qu'on pouvait aborder des interactions.
C'est alors qu'en entrant dans un wagon, elle tomba nez à nez avec Hassan et Quentin assis à côté de jardinières suspendues. Un joli wagon végétal.
Un coin de refuge.
- "Bonjour les garçons, amorça-t-elle.
- Bonjour Malika, répondirent-ils ensemble.
- C'est un bon matin, n'est-ce pas ?
Quentin acquiesça d'un basculement de tête.
Hassan reprit : " C'est surtout un voyage de train que l'on n'est pas prêt d'oublier."
Quentin souleva une pensée d'intrigue : "C'est étrange, c'est comme si nous étions en dehors de toute l'activité du train. Et je n'ai pas revu…
Il se leva et partit voir à un wagon à côté, puis revint.
" En effet, il n'y a personne d'autre que vous, parmi lesquelles j'ai rencontré au sein de ce voyage.

Malika rit. " Peut-être qu'on a tous rêvé depuis le départ.
Hassan fit abstraction du ton ironique de Malika et répondit : " Si on avait rêvé…
Il ouvrit sa main pour exposer sa balance.
" D'abord, on ne serait pas là, et en plus, dotés de ces objets à disposition."
Quentin ne se retint pas de rajouter doucement : Rêver…
- ça c'est quelque chose qui te branche bien Quentin, rétorqua Hassan.
" C'est l'heure du petit déjeuner, annonça Hassan, que diriez-vous de manger ensemble, au wagon-bar voir notre ami le serveur.
- Bonne idée, répondit Quentin
Une fois qu'ils se sont assis au wagon-bar, quelque part où la lumière matinale du soleil se propageait sur la table, ils ne remarquèrent pas que le serveur n'était pas présent.
Toutefois, ils discutèrent confortablement. Hassan et Malika étaient entraînés dans un échange vif et efficace, tandis que Quentin d'une présence feutrée les écoutait les bras croisés avec un lent hochement de tête en signe d'approbation.
A un moment d'intervalle, Quentin certifiait que le temps prédisait une renaissance.
- De quoi veux-tu parler Quentin ? demanda Hassan dubitatif.
- C'est comme si ce temps magnifique d'un soleil éblouissant transmettait un message nous disant que l'heure qui vient est remplie de bons présages. Tout comme ce petit ange dans le conte. Le conte qui m'était destiné. Qui m'a accompagné tout au long de ce voyage. Le temps nous démontre que nous allons

nous révéler à présent, mais d'abord, il nous faut les forces qui nous poussent à pouvoir déployer nos ailes et maintenir le vol. Nous rencontrerons des obstacles, de l'adversité, interne ou externe, mais c'est surtout un travail interne à faire. Tout ceci fait partie du projet d'ascension, et ainsi nous nous élèverons, et nous ferons partie du rayonnement du soleil.
Quentin regarda en l'air un fragile instant.
Mais d'abord, il y a tant de choses à faire, cela est une certitude.
Malika resta coi de ses paroles. Et Hassan plissa les yeux, l'air de dire " lui il n'y va pas de main morte "

"Je vous en prie, c'était un grand plaisir de vous écouter parler, reprenez donc, reprit Quentin faisant semblant d'être un peu confus. Il se replaça d'un raclement de gorge, en une posture rectifiée.
J'ai perdu le fil maintenant, dit Malika, où en étions-nous ?
Hassan prit la dynamique de rediriger l'interaction : Dites-moi, est-ce que ça vous dirait de prendre quelque chose à manger, mon ventre commence à quémander, je vous paie la tournée !
Il y eut soudain un instant douteux.
Hassan reprit : Au fait, notre serveur préféré n'est pas de service aujourd'hui ?
Ça n'en a pas l'air, répondit Malika, patientons, il ne devrait pas tarder.

- "Dites voir, intercepta Quentin, que va-t-on bien pouvoir faire de ces porte-bonheur miniatures ?
- Quentin montra son sablier pendant entre son index et son pouce.
- Quel beau sablier, s'exclama Malika, tu en as de la

chance !
- Oui c'est vrai il est vraiment bien conçu.
- A quoi servirait un sablier aussi petit ? Tu as réussi à l'utiliser pour quelque chose ? S'intrigua Hassan.
Quentin ria.
- Qu'est-ce qui te fait rire comme ça ? demanda Hassan.
- Ce sablier est par-fait m'avait dit le vieux sage.
- Le vieil homme tu veux dire ?
- Oui j'aime à poétiser les choses, pour moi c'est un vieux sage dans mon parcours de héros.
- Je vois. C'est comme les contes du livre, c'est très souvent centré sur l'aventure d'un héros qui se découvre, un peu comme nous ! dit Hassan en riant.
Ce qui ne manqua pas de faire rire Quentin et Malika.

Le groupe des trois arborait quelque chose de vraiment singulier, une énergie positive. Une symbiose. Ils discutèrent encore de manière conviviale. Ils étaient d'une telle façon qu'on pouvait y mettre un décor de feu de camps, ajouté d'un guitariste rebelle et posé, pieds nus, les cheveux en bataille et au jean troué.

Cette conversation vivante se transforma en accalmie.
Ils ne se rendirent pas compte du temps passé.
Après un long silence, Hassan coupa l'ambiance.
- Tout ça c'est bien joli, mais… Où sera notre destination ?
- Actuellement nous sommes en Italie, répondit Malika.

Quelqu'un s'approcha d'eux et se pencha élégamment.

- Ce sera le prochain arrêt, à Gênes, chers passagers.
C'était le serveur en train d'essuyer une assiette au point de la faire briller.
- Oh ! Vous voilà, s'écria Quentin
- Oui monsieur, je ne vous ai pas manqué j'espère ?
- Heureusement qu'à nous trois, nous avons pu tenir une longue et passionnante conversation. Pourquoi êtes-vous venu aussi tard, et pourquoi d'ailleurs il n'y a plus personne dans le wagon-bar ?
- Monsieur, tout se passe exactement comme prévu. Je vous prie de tenir compte que votre destination est dans …. Il regarda l'horloge très brièvement… Une heure. Je vous conseille de ne pas être en retard car cet arrêt sera bref.

Comprenant le message, ils partirent aussitôt se préparer.
Et une fois que le train arriva à Gênes, ils sortirent tous les trois le sourire aux lèvres.
« Attendez, messieurs dames, je vais vous ouvrir la porte. »
Le serveur passa devant nous en toute hâte, et il ouvrit la porte avec maestria.
« Je vous en prie messieurs dames, et je vous souhaite une excellente suite dans cette aventure formidable. »
Ils mirent tous un pied en dehors du train. Et décidèrent ensemble de se poser à un banc non loin du quai.
Malika se lança : Vous ne trouvez pas que c'est étrange. On vient tout juste de se faire définir notre propre destination.
Quentin : c'est la magie du destin Malika. Nous ne savons pas où aller, sur quoi nous allons tomber, c'est le chemin qui nous dirige.

Hassan demanda à Quentin : Que vas-tu faire de ton tableau Quentin ?
Quentin lui répondit : " Je l'ai laissé dans le train, laissé faire sa propre vie. Un tableau vit, interagit avec les gens, communique et une réaction chimique se produit entre deux éléments. Si tant est qu'il y a une interaction."
Il conclut la discussion en disant : rassurez-vous il est laissé entre de bonnes mains... »

« Vu que c'est notre prochaine étape, profitons pour visiter Gênes. » entreprit Hassan avec hâte.
Ils sortirent de la gare de Gênes et s'en allèrent en ayant haut-le-cœur.
Gênes est une ville très charmante d'Italie, avec ces habitations colorées près de la plage. La ville est située sur la mer de Ligurie qui est une fraction de la mer méditerranéenne.
Ils se baladèrent dans Gênes pour y découvrir la ville. Ils visitèrent le centre de la ville, la Piazza de Ferrari (la place Ferrari) et le Palazzo Ducale (le palais Ducale).
- C'est surement ici que nous allons retrouver le vieil homme, amorça l'artiste.
- c'est probable, répondit Hassan.
- peut-être qu'il nous attend quelque part, et que nous allons recevoir une célébration de sa part. Qui sait ? reprit Quentin curieusement.
- tu penses que l'on va recevoir un diplôme c'est ça ? Taquina Hassan.
Ils rirent tous les trois.
Quentin avait l'envie d'aller visiter la cathédrale juste à deux pas, dont il ne manqua pas de leur demander gentiment.

- Tiens tiens, comme c'est étonnant que tu veuilles la voir, dit Hassan, amusé.
Malika gloussa.
Une conception architecturale vraiment singulière : La cathédrale San Lorenzo. Elle arborait une façade de gris et de blanc. Ils y ont mélangé plusieurs styles architecturaux : roman, gothique, maniériste et baroque. On raconte que sa façade asymétrique a un rapport avec la mort de l'architecte avant la construction du second clocher.
Ce qui ne manqua pas d'émerveiller Quentin, qui avait les yeux d'un enfant.
Ils y entrèrent et visitèrent les trois nefs sans se dire un mot. L'aventure énigmatique continuait, ils restaient à eux trois attentifs aux détails pour peut-être en reconnaître des signes. Après tout ce qui leur était arrivé, ils en étaient devenus presque maniaques.
Et une fois ayant pénétré la nef de droite, ils entendirent un guide prononcer ces mots : « cet obus que vous voyez-là n'a pas été explosé. Il a été lancé par les marins anglais durant la Seconde Guerre mondiale. Il a été déposé sur cette colonnette en ex-voto comme « signe de protection du Ciel ».
« Vous avez vu les garçons, nous sommes protégés, lança Malika, d'un air chaleureux.
- J'espère bien, rétorqua Hassan en basculant sa tête de part en part.
- Quentin, qu'en penses-tu ? reprit Malika.
Quentin était obnubilé par l'objet qu'il venait de découvrir. « Le Sacro Catino». Un autre guide exprimait une si fantastique description de Jean Danton qui était historiographe.
Lorsqu'il eut fini de citer la description, à l'entente du mot « émeraude ». Quentin avait les yeux qui

pétillaient.
Le guide continua et disait qu'il s'avérait que ce n'était pas de l'émeraude. Il a été étudié par une commission de l'Académie des sciences de l'Institut de France, et, ils ont découvert que finalement il a été conçu en verre coloré.
Il se mit à taquiner : hé oui désolé de vous décevoir. Je ne peux pas toujours vous promettre monts et merveilles.
Après un long silence du groupuscule, Quentin, une fois avoir ri très silencieusement, ajouta prit dans son émotion interpella le guide pour se mettre à discourir : « Vous voyez un verre coloré. Je vois de l'émeraude. Et rassurez-vous, on peut se permettre de rêver. Ce n'est pas délirant de se laisser submerger par la rêverie. C'est une délicieuse berceuse pour nos âmes.
Alors, je vous le dis. Pour moi, c'est de l'émeraude. Et une émeraude de toute beauté. Aussi, l'étape qui précède l'embellissement, c'est la vision. Si on ne se permet pas de voir autre chose de plus beau dans notre mental, qu'on estime que c'est quelque chose de délirant, cela ne pourra pas se manifester au réel, c'est imposer de graves limites. Monsieur, je vous prie de bien vouloir prendre en compte que toute cette cathédrale, tout ce qui a été édifié en cette humaine existence a d'abord été conçu dans le mental, et, les hommes et les femmes qui ont apporté une innovation, souvent ont été pris pour des gens délirants. »

Chapitre 2 : Nouveau chemin

Une fois la visite de la cathédrale terminée, Malika eut la vive envie de faire un tour au marché pour acheter quelques fruits afin de s'accorder une petite collation.
Ils y allèrent en toute tranquillité, et restèrent à l'affût de tout signe qui pourrait les mener quelque part on ne sait où, ou ne sait avec qui, avec quoi. Tout événement peut se produire à tout bout de champ. Après tout, ce qu'ils ont vécu jusque-là,…
Malika s'engagea dans une allée du marché après avoir dit aux garçons qu'elle les rejoindrait dans quelques minutes.
Elle faillit marcher sur un objet qui était juste devant l'étal d'un marchand de fruits et légumes. Elle le ramassa et vit que c'était un lapin en peluche bleu ciel avec des oreilles blanches. Elle l'épousseta de la main et leva les yeux comme pour chercher si le ou la propriétaire de l'animal factice était dans les parages. Au bout de quelques pas, elle entendit les sanglots d'un jeune enfant. Ils la guidèrent vers une petite fille blonde qui tirait sur la manche de sa maman en pleurant. Malika arriva vers la fillette et se baissa à son niveau pour attirer son regard et lui présenter le petit lapin soyeux. Malika observa la petite et vit ses yeux s'écarquiller de surprise et un grand sourire se

dessiner sur son visage mouillé. Elle lui donna la peluche qui avait retrouvé sa propriétaire et lui caressa les cheveux qui étaient aussi soyeux que les poils du lapin.
La maman, occupée à remplir ses sacs de provisions n'avait rien remarqué et cela arrangeait les affaires de Malika. Celle-ci se rendait compte depuis son voyage en train, que panser les blessures d'un enfant était ce qui la rendait vraiment heureuse. Elle pensa que le premier pas vers ce bonheur avait été de rendre le sourire à l'enfant qui était en elle.
Après cette brève rencontre, Malika partit se procurer quelques bananes au marché pour les offrir au tour d'Hassan et Quentin. Mais Hassan remarqua quelque chose de particulier chez un marchand un peu plus loin, ce même marchand avait des objets, dont de l'orfèvrerie qui lui semblait familier.
- Quentin regarde ça, ça ne te dit rien ces objets que vend ce marchand là -bas, ils sont étrangement ressemblant aux nôtres ? Allons voir de plus près.
Alors que Malika commença à éplucher à la main sa banane, Hassan et Quentin partirent voir la place du marchand à l'orfèvrerie.
Ils y trouvèrent en effet des objets qui leur étaient familiers. C'était des objets qui correspondaient à ce qu'ils avaient vécu lors de leur voyage en train. Avec des objets antiques, qui avec le même style antique que les leur, donnés par le vieil homme. Le marchand était parti un moment. C'est alors que Quentin regarda méticuleusement les objets. Et remarqua quelque chose.
- Ah ! Regarde Hassan tout au fond. Il y a un ange en bronze.
- Et là ! Il y a des tortues ninjas ?

- Incroyable.
- Tu l'as dit. Ce n'est donc pas un hasard que nous soyons là
Malika arriva par derrière : je vous l'ai dit les garçons qu'il fallait aller voir le marché.
Quentin saisit l'ange de bronze et le scruta intensément.
« Wow, s'exclama-t-il, c'est vraiment le genre d'ange que j'imaginais lorsque j'ai lu le conte du sage. »
Une voix les interpella : « alors, ça vous plait ?"
Cet homme avait une forte corpulence, dégageait une image d'artisan "expert" et une sorte de confiance inébranlable.
Hassan reprit : Ah monsieur nous vous attendions avec impatience. Les objets que vous vendez là, d'où cela vous provient ?
- Eh bien, c'est une question digne d'intérêt que vous me posez là jeune homme ! dit-il, cela est inspiré de créations d'un vieil ami à moi. Figurez-vous. Un grand voyageur que j'admire tant. Il sait libérer les cœurs. Il est très connu ici, à sa propre galerie et a même écrit un livre qui parle de contes disant qu'il était doté d'un pouvoir de transmission extraordinaire. Le point le plus incroyable et qu'il paraît que ce livre sait choisir son lectorat.
Les trois aventuriers comprirent que tout de suite : c'était bien le même vieil homme.
Hassan se lança : Cet ami, pouvez-vous nous en parler davantage ?
- Hahaha, jeune homme, même-moi je n'en connais que trop peu sur lui, il est très agréable de discuter avec lui, il est d'un savoir et d'une immense connaissance.
- Cela ne m'étonne pas du tout, commenta Quentin.

- Ah oui qu'est-ce qui vous fait dire cela, reprit le marchand.
- Nous l'avons tous les trois rencontré et nous avons lu ce fameux livre de contes et en effet, ce livre est d'une magie ! Car lorsque nous étions dans le train, nous avons pris conscience que les contes correspondaient avec notre situation de vie, que chaque conte était révélateur d'un message pour nous et notre chemin de vie.
- Exactement ! Se réjouit le marchand, c'est cela qu'il disait tant, le pouvoir du partage, du don de la vie avec désintéressement. Il s'abandonna pour laisser les actes divins opérer. Tenez, vous devriez faire un tour à sa galerie personnelle.
- Une galerie personnelle ? Dans la ville ? S'interrogea Hassan.
- Oui tout à fait, c'est dans une galerie d'objets antiques de la ville. C'est une galerie où bien des artisans de la ville trouvent leur inspiration et fabriquent leur propre objet antique, et c'est par eux que je peux m'en procurer. Tout comme les objets que je vois, sont à votre disposition.
Il parlait des objets antiques que les trois aventuriers avaient reçus du vieil homme : le sablier, la balance, la boussole.
Il reprit : quelque chose me dit que vous allez devoir les garder près de vous, une fois avoir franchi le seuil de la galerie secrète.
Ils partirent alors vers la galerie désignée, la galerie Christophe Colomb, et se trouvèrent devant eux un grand homme qui barrait le chemin. Chemise un peu trop juste pour sa corpulence hors norme, son regard investigateur semblait signifier que les trois compères n'étaient pas les bienvenus.

« Bienvenue dans la galerie d'antiquité de Gênes.
- Bonjour monsieur, nous sommes venus pour voir la galerie, dit Hassan.
- Comment êtes-vous au courant ? En tout cas, je préfère vous prévenir, ce ne sera pas possible, c'est un endroit privé détenu par un homme, rétorqua le grand homme.
- Nous venons de la part d'un marchand qui connaît bien l'homme dont il est question pour cette galerie secrète.
- Hum je vois. Quel est le code secret ?
Malika sortit sa boussole. Et Quentin, Hassan se regardèrent, se mettent d'accord et suivirent à leur tour.
Le grand homme fut étonné : Mais ce sont les pièces manquantes de la galerie, celle qui ouvre le coffre sur le pupitre !
- Hum intéressant, pour vous laisser passer, je vais avoir besoin de voir vos réponses.
- Des réponses ? Lesquelles ? demanda Malika.
- Lors de vos aventures, ces objets ne vous ont-ils pas aidé dans votre compréhension de vous-même ? Si oui, vos retours vont nous permettre de savoir si vous êtes autorisés à rentrer ou non. Vous avec la balance, dites-moi ce que vous avez appris.
Hassan, prit une inspiration et se lança :
- Pour ma part, j'ai appris que la balance est un objet qui représente l'équilibre, le point le plus important qui nous permet d'être stables. Cela peut se comprendre autant physiquement que mentalement : l'équilibre physique est ce qui nous permet de nous mouvoir et d'avancer dans l'espace, l'équilibre mental est ce qui permet de ne pas nous effondrer sur nous-même et d'avancer dans la vie. Cet objet et surtout la

découverte de sa symbolique m'a permis de comprendre que doser ce que je fais : parfois il faut en faire plus, parfois il faut en faire moins mais ne jamais faire trop peu ou beaucoup trop sinon la chose devient inutile ou nocive pour soi.
L'homme resta impassible et pointa Quentin :
- Vous, qu'est-ce que ce sablier vous a appris ?
- Ce que j'ai perçu de la symbolique du sablier par rapport à ce voyage… c'est qu'il me fallait m'armer de patience et avoir une posture telle, pour que la Grâce puisse venir s'installer. Je dirais que la Grâce fuit lorsqu'on a un esprit pressé. Et il y avait comme quelque chose de "hors du temps". Je ne saurais dire mais j'oserais dire qu'il y avait une part de spirituelle là-dedans. Une spiritualité hors du temps, mais pas que…
Et vous, la dame à la boussole ?
- La boussole a été pour moi l'objet le plus apte à me faire prendre conscience que je me perdais dans le tourbillon de la vie, j'étais comme un bateau au milieu d'un océan déchaîné, je n'avais pas de cap à suivre. Christophe Colomb qui est né ici-même a dit : "on ne va jamais aussi loin que lorsqu'on ne sait pas où l'on va", et je constate qu'il avait raison puisque jamais je n'aurais imaginé pouvoir aller à la rencontre de mon enfant intérieur. Ce voyage spatio-temporel que je n'avais pas envisagé m'a pourtant permis de renouer avec qui je suis ; je sais d'où je viens et maintenant je veux choisir ma direction de vie.
Il acquiesça et partit… Un quart d'heure passa et il revint en leur faisant signe de rentrer. Les 3 protagonistes acquiescèrent et le suivirent.

A l'entrée du hall de la galerie d'antiquité, il y avait sur

le côté une porte scellée. Le grand homme, à l'aide d'une clef non-ordinaire, ouvrit la porte, et une galerie souterraine se révéla, qui immergea les trois aventuriers dans une certaine atmosphère, il y avait comme une odeur de monastère. Quentin appréciait l'odeur qui lui rappelait les lieux sacrés.
Ils y virent dans en lieu, de belles petites sculptures marrons aux formes étranges, pleines de clichés de voyage du vieil homme, toute la chronologie de sa vie, sa jeunesse, jusqu'à récemment. Des photos où il était passé dans moult pays, avec des photos de rencontres, on y voyait des aborigènes, des personnes qui avaient l'air sages, des chamanes, des militaires haut-gradés, des explorateurs. On le vit dans le désert du Sahara, à l'intérieur des temples mayas, visiter les pyramides d'Egypte, et bien d'autres choses encore …
Tout cela ne manqua pas de susciter l'admiration de nos chers aventuriers.
L'homme leur montra un espace vide près du pupitre, où ils y avaient trois étiquettes en rangées : sablier, balance, boussole. Ils posèrent leurs objets antiques à l'endroit qui leur était destiné. Et un clip se fit entendre. Le coffre placé sur le pupitre venait tout juste de s'ouvrir. Il y avait un stylo, des feuilles et un petit mot du vieil homme qu'Hassan décida ardemment de prendre.
Hassan plaça ses mots très bien articulés : C'est maintenant à vous d'écrire votre propre histoire. Celle que votre cœur désire vraiment, la quête de votre âme ici-bas. Le train n'a été qu'un rite de passage, désormais, il ne tient qu'à vous de continuer en un juste chemin. Je vous souhaite de vous épanouir le plus magnifiquement possible.
Signé… hum… il n'y a pas de signature.

Après quelques jours prit dans un charmant hôtel, Malika, Hassan et Quentin s'aperçurent que la galerie du vieil homme a été ouverte au grand public. Ils virent plusieurs affiches publicitaires dans les rues de Gênes pour une journée spéciale d'ouverture.
- Comment ce vieil homme peut du jour au lendemain ouvrir son lieu secret au grand public ? S'interrogea Hassan.
- Peut-être qu'il attendait simplement que sa galerie soit complète, répliqua Malika.
Quentin était ailleurs.
- Quelque chose ne va pas ? demanda Malika.
- Si tout va bien, je me demande s'il sera présent demain, comme c'est le jour spécial d'ouverture de la galerie, peut-être qu'il va nous attendre là-bas.
- Hum oui c'est possible, continua Hassan.
Le lendemain, lorsque le soleil atteignait son point de culmination et verser sa lumière sur la ville, les trois aventuriers partirent sur-le-champ à la journée porte ouverte de la galerie du vieil homme.
Une fois sur les lieux, ils retrouvèrent le même gardien qu'autrefois qui gardait l'entrée de la galerie. Il les reconnut et les laissèrent passé avec un sourire agréable comme s'il invitait à la maison. Une fois entrée, ils s'étonnèrent d'y voir un monde effervescent qui y régnait et emplissait le lieu. Tout le long de la galerie semblait être beaucoup plus long, parce qu'avec autant de personnes et d'animations, le temps devenait ralenti.
La galerie qui avait comme retrouvé une âme vivante. Les gens portaient une admiration pour l'homme qu'il était, tous ces clichés de voyages, toute cette richesse… Ils étaient surtout admiratifs de voir à quel

point il eut des ressources pour faire toute cela, et que malgré son grand âge il continuait de se mouvoir à travers le monde. Il dégageait la véritable et humble passion des multiples choses du monde. Il arborait la curiosité, l'émerveillement, la joie, dans toutes sa carrière d'aventurier. Il était resté humble, nous pouvions le voir sur son visage. Et par toutes ces odyssées, ses rencontres, ses aléas, il s'était forcément assagit. Il fut sage et modeste.

Quentin se mit à le chercher.

- Il doit être ici, c'est certain.

Il se déplaça à grande foulée et passa entre les personnes comme un joueur de football américain. Malika et Hassan ne se suivait pas dans son entreprise, ils marchaient à tous deux tranquillement sans empressement.

Quentin continua dans son élan, et s'approcha peu à peu du bout de la galerie. Il se dirigea vers le pupitre où étaient placés les trois objets antiques. Il vit soudain un vieil homme de dos avec un chapeau melon noir sur la tête.

- Vieux sage ? Est-ce vous ?

L'homme se retourna. Son visage ne lui semblait pas familier : hélas, ce n'était pas lui.

De leur côté loin derrière lui, Malika et Hassan discutèrent :

- Il n'est plus question de l'aventure du vieil homme, commença Hassan.

- Oui je comprends ce que tu veux dire, il nous a passé le relais, continua Malika d'un air sereine.

Ils regardèrent à eux deux Quentin chercher vainement la trace du vieil homme d'un air attendri.

C'est alors que l'artiste se trouva nez à nez avec le pupitre et les objets antiques.

- Comme ça brille, disait un enfant regardant ces objets, les yeux pétillants.
- Tu trouves ? Demanda la mère de l'enfant.
- Oui ça brille maman, ça brille ! Persista-t-il.
- Si tu le dis, finit-elle.
Quentin sourit.
- Hé ! Mais vous êtes l'un des trois personnes venues me voir au marché, tiens donc.
C'était le marchand de l'autre fois qui se tenait juste à côté de lui, autrement dit, l'ami du vieil homme.
- Oh bonjour, je suis ravie de vous revoir ici. Dites-moi. Comme c'est les portes ouvertes de cette galerie, aurions-nous la chance de retrouver votre ami ici ?
Le marchand, sourit du coin de la lèvre et répondit :
- Oh non jeune homme. Il ne sera pas présent aujourd'hui.
- Pourquoi donc ?
- Eh bien, j'ai reçu un coup de fil de sa part, il est parti dans un endroit isolé terminé la fin de ses jours, rassasié d'avoir accompli sa mission ici-bas. C'est à ce moment qu'il m'a demandé de faire ouvrir sa galerie. Et il savait que vous alliez venir tous les trois aujourd'hui, ils savaient même beaucoup de choses, ça c'est bien lui ! Il vous souhaite de vivre votre propre aventure à fond, dans la joie, dans l'amour, dans ce qui vous fait vibrer intensément. Et est impatient de vous revoir dans l'au-delà.
Malika et Hassan était présent pour entendre ces derniers mots et Quentin les rejoint pour partir d'un silence de cœur.
Ils rentrèrent tous les trois chez eux.

EPILOGUE

Huit mois passèrent… Nos trois compères se présentèrent devant un studio avec une tête sur la porte, une sorte de chauve avec une moustache de hipster.
- Marrant, dit Quentin, cette fusion est un peu singulière.
- Tu comprendras quand tu verras la tête des deux présentateurs, rétorqua Hassan.
Ils se présentèrent à l'accueil et se mirent sur le canapé, attendant l'appel de leurs noms. Malika se tourna vers Hassan :
- Tu les connais bien ? Est-ce que tu sais comment ça va se passer ?
- Oui, ce sont d'anciens camarades d'école d'ingénieur qui ont lancé leur podcast qui connaît un franc succès aujourd'hui. J'étais passé à l'époque et ils m'avaient dit qu'ils me réinviteraient lorsque le livre serait sorti. Du coup nous voilà pour en parler devant une foule.
- Il va y avoir un public ?
- Physique non, mais virtuel oui.
- Ah ça me fait bizarre, je n'ai jamais été dans ce genre de situation.
- Tu verras, c'est marrant, on peut parler de plein de choses et les présentateurs sont là pour…
Soudain, une femme apparut et lança :
- Hassan, Quentin et Malika pour Mauvaises Graines !
Ils se levèrent et rejoignirent la femme qui les amena dans le studio. Là, ils furent accueillis par deux compères : Kevin et Geoffrey qui les saluèrent amicalement.

Après quelques explications, les cinq s'installèrent et le podcast commença par l'intervention de Kevin :
- Bonjour, bonsoir et bienvenue sur Mauvaises

Graines, le podcast qui découvre des personnes, des projets et aujourd'hui nous avons la chance de retrouver à nouveau Hassan qui était venu il y a quelques mois pour nous parler de son projet de livre d'introspection. Et aujourd'hui nous avons la chance de discuter non pas avec l'auteur mais avec les trois auteurs/autrice de ce livre. Mais avant tout, salut Geoffrey !
- Salut Kévin, oui on est très content de vous recevoir tous les trois dans notre podcast. On a eu Hassan il y a un moment et maintenant c'est le moment d'en parler à chaud. Bienvenue à vous !
- Merci ! répondit Hassan
- Avant de commencer, je rappelle qu'en début de podcast on se fait toujours un petit quizz entre les invités et Geoffrey, la dernière fois il y a eu égalité entre Hassan et Geoffrey, donc cette fois nous ferons le quizz à la fin mais il faudra qu'il y ait un vainqueur.
- C'est vrai, cette fois-ci je gagnerai Hassan mais avant tout, parlez-nous de ce projet qui vous tient tant à cœur pour en venir à écrire un livre à trois.
Quentin prit l'initiative et répondit :
- Eh bien, notre rencontre est le fruit du hasard, du moins c'est ce que nous pensions. Il se trouve que nous nous sommes rencontrés à une période importante de nos vies dans laquelle nous étions à la recherche de nous-mêmes.
- En recherche de quoi ? Du but de votre vie ou bien d'autres choses ?
- C'est là le point le plus difficile à résumer : ce n'est pas aussi facile que le but de notre vie mais plutôt chercher quelque chose qui nous manque, quelque chose qu'on a peut-être à l'intérieur de nous mais que nous ne savons pas comment chercher et manifester.

- Et penses-tu que vous avez réussi à manifester ce quelque chose manquant ?
- Je dirais que oui et c'est ce que ce livre résume, à une rencontre près, à un détail près, la réponse apportée peut changer et c'est le cas lors de notre rencontre.

Les deux animateurs acquiescèrent et restèrent silencieux en prenant la mesure de l'étendue de la réflexion qui en découlait, Kevin relança la discussion :
- Intéressant, j'aimerais garder ce sujet pour un peu plus tard car je pense que ça mérite son quart d'heure. Je me tourne vers toi Malika pour savoir ce que tu as pensé de ce livre ? As-tu aimé faire cet exercice avec Hassan et Quentin ?
- Contribuer à écrire ce livre m'a permis d'en apprendre davantage sur moi, sur mes peurs et mes doutes. Cela m'a aidée à laisser le passé derrière moi et oser aller de l'avant. Mais cette aventure m'a surtout donné l'occasion de rencontrer deux gars drôles, intelligents et bienveillants. Ils ont su me soutenir, me réconforter et me faire rire. Aujourd'hui je me suis réconciliée avec la gent masculine.
- Mais du coup pourquoi un livre en commun ? Je veux dire vous auriez pu faire votre bout de chemin ensemble et puis partager vos expériences chacun de votre côté, donc pourquoi le faire ensemble ?
Malika reprit :
- Alors lors de notre visite dans la galerie du vieil homme, nous avons eu le temps de nous plonger dans l'histoire et le vécu de cette personne. Nous avons longuement discuté de tout cela et la dernière directive que nous avions reçue était de partager notre expérience mais nous ne savions encore comment le

faire. Nous avons profité pour visiter la ville et discuter de sujets diverses et variés ; que ce soit philosophiques, spirituelles ou même scientifiques. Au détour de l'une de ces conversations, Quentin a lancé l'idée de le partager ensemble comme la peinture qu'il avait créée dans le train. Une création à trois qui tire parti de nos trois vies, nos trois expériences, nos trois visions de la vie et surtout de nos trois caractères. Une fois la proposition lancée, l'idée nous a plu et le reste se trouve entre vos mains.

- Ecrire un livre seul c'est déjà bien difficile mais un livre à trois, cela a dû être compliqué. Comment avez-vous réussi à vous entendre durant le processus d'écriture ?

- Eh bien, cela n'a pas été facile au premier abord. Nous sommes trois novices qui avons tenté cet exercice mais cela a été très instructif. En plus du travail d'introspection, nous avons appris à travailler ensemble, à se comprendre, à s'entraider et à aller jusqu'au bout, même si le livre ne sera pas un Goncourt, ce sera notre livre et c'est la plus belle chose que nous avons pu faire ensemble.

- Et en lisant le livre, j'ai été surpris lors de ta rencontre avec Quentin qui s'est passée un peu brusquement. Quentin, est-ce que c'est toujours comme ça que se passent tes premières rencontres ?

- Que cela soit brusque ou moins brusque, je me réjouis toujours de nouvelles possibilités de rencontre. De ce que la vie a à m'offrir, de ce qu'elle met en face de moi. Pourvu que j'offre le meilleur des accueils.

- Et si vous deviez résumer le chemin que vous avez parcouru en écrivant ce livre, que diriez-vous ?

- **Quentin** : Je dirais que cela a été un parcours qui m'a permis de me connaître davantage, il y a eu de

l'amour, une volonté de partage rassasiée, un accouchement.
- **Hassan** : Des rencontres inoubliables, beaucoup de questions, mais une paix intérieure amplement méritée.
- **Malika** : Personnellement, je pense que ce chemin, qui a plutôt été un cheminement, m'a fait gagner en sérénité. Moi qui étais de nature assez anxieuse, je pense avoir fait la paix avec moi-même, et cela n'a pas de prix.
- Très intéressant, j'aurai encore plein de questions à vous poser mais comme on aime partager dans ce podcast, je vous propose de répondre aussi à des questions de nos auditeurs.
Kevin fit signe de la tête et Geoffrey ouvrit une tablette pour recueillir les appels des auditeurs. Il se tourna vers les trois protagonistes :
- Je vous propose d'accueillir quelques personnes dans le tchat qui seront en direct avec nous et pourront vous poser des questions directement.

Un court silence, puis une auditrice se manifesta. Geoffrey accepta la demande :
- Bonjour Clémentine, comment vas-tu ?
- Bonjour, merci de m'accueillir. Tout d'abord, je tiens à vous dire que j'ai beaucoup aimé lire ce livre et j'aimerais savoir ce qui vous a motivés à l'écrire ?
- **Quentin** : Eh bien, ce qui m'a motivé à écrire ce livre… hum…
Un silence.
- L'envie de partage, la contribution à inspirer autrui, à toucher, générer des interrogations, des soulèvements, à créer des effets, faire un marquage. Voici ce que je dirais spontanément.

- **Hassan** : J'étais emballé par l'idée car il fallait faire une introspection importante sur soi-même et surtout avoir le courage de la partager pour peut-être influencer les autres à le faire de leur côté. De plus, il fallait retranscrire tout cela avec d'autres personnes, ce qui rendait tout l'exercice encore plus intéressant.
- **Malika** : Moi, je dirais que le projet m'a tout de suite plu car il proposait quelque chose que j'ai toujours aimé faire : écrire et notamment écrire des lettres, chose que l'on fait de moins en moins… Sauf que dans le cadre du projet du livre collectif, je devais écrire une lettre à la petite fille que j'ai été, et, je vous avoue que ça a été un exercice puissant car comme l'a dit Hassan, on ne peut pas faire l'économie d'une profonde introspection.
- Et je peux poser une seconde question s'il vous plait ?
Geoffrey accepta et elle reprit :
- Selon vous, qu'est-ce qui a été le plus dur dans ce travail d'introspection ?
- **Quentin** : Je dirais, être le plus honnête possible avec soi-même.
- **Hassan** : Trouver et accepter les origines (positives ou négatives) qui nous ont conditionné et fait ce que nous sommes aujourd'hui.
- **Malika** : Pour ma part le plus douloureux a été de réveiller les monstres du passé et les affronter, mais cela est nécessaire pour s'en défaire une fois pour toutes.
- Waouh merci pour ce retour, j'espère avoir très vite de vos nouvelles pour d'autres projets, je l'espère…

Malika adressa un regard à Quentin qui, à son tour, regarda Hassan avec un sourire, et les trois ne purent

s'empêcher d'avoir un sourire niais... Kevin reprit :
- Après cette intervention de qualité, je vais laisser la parole à Riyad_95 qui a des questions sur le vieil homme. Bonjour Riyad, que veux-tu savoir sur ce vieil homme ?
- Oui, bonjour, moi je suis intrigué par ce vieil homme. Ça ne vous semble pas bizarre que comme par hasard, il vous rencontre tous les trois et que vous vous retrouviez dans ce même train ? Ce n'est pas un peu trop une coïncidence ?
- **Quentin** : Pour ma part, je suis quelqu'un assez tourné spirituel, donc ce qui arrive dans nos vies pour moi a son lot d'enseignements afin peut-être de nous purifier, d'alléger notre âme, notre cœur, de nous renforcer, de nous sublimer. Voyez, vous parlez de coïncidence, dehors, la nature, le ciel, les animaux, toute l'intelligence de la vie, n'est-ce pas quelque chose d'étrangement et vraiment extraordinaire ?
- **Hassan** : Je ne pense pas que ça soit une coïncidence car les faits vont vraiment dans un sens et c'est comme si le vieil homme était la clé pour ouvrir la porte vers nos aventures personnelles. Mais j'aime à penser qu'il n'avait pas tout prévu et que le reste n'est plutôt qu'un des chemins possibles et qu'au final tous ces événements nous ont permis d'apprendre la sérendipité. Le reste, je ne cherche pas à l'expliquer mais plutôt à l'accepter.
- **Malika** : Personnellement, je ne crois pas au hasard. Je pense que chaque événement est une opportunité pour chacun d'entre nous de faire évoluer sa destinée. Chacun est libre de décider de ses actes, de suivre ou non son instinct, tout en ayant l'humilité d'accepter qu'on ne peut pas tout contrôler.
- Et si c'était à refaire, vous retenteriez l'expérience ?

demanda Riyad.

Un léger silence s'installa, une question simple mais nécessitant une réflexion qui se finit par l'intervention d'Hassan.
- Pour ma part, je dirais que oui. L'aventure n'a pas été facile mais elle m'a beaucoup apporté personnellement et surtout elle m'a fait faire de belles rencontres.
- **Quentin** : Pour moi, cela a été une aventure venue au bon moment, quand il le fallait, c'est passé désormais ; et c'était selon si j'étais le mieux disposé à vivre l'expérience au moment où cela s'est déroulé. Maintenant, j'espère vivre le plus pleinement possible pour la suite.
- **Malika** : C'est un grand oui pour moi, car j'ai appris qu'au-delà de la peur il y a de belles choses qui se révèlent à nous.
- Merci Riyad pour ces questions très intéressantes, on va finir par un dernier auditeur qui s'appelle Christophe_Colomb442424. Bon le pseudo est un peu long, on va t'appeler Christophe si tu le permets.
- Bonjour à tous, oui bien sûr vous pouvez m'appeler Christophe. J'aurais beaucoup de questions mais je vais tâcher de poser les plus importantes : tout d'abord, pour Hassan avant d'embarquer dans le train, qu'est-ce qui vous a poussé à répondre à l'appel de l'aventure ?
- Eh bien, après la rencontre avec le vieil homme j'ai eu un avis mitigé car je ne savais pas comment analyser ce qu'il s'était passé. Il aurait pu être un stalker qui connaissait des choses sur moi et qui voulait me tendre un piège mais je ne l'ai pas ressenti comme ça, il dégageait une aura un peu mystérieuse

mais surtout ce qu'il me disait vibrait en moi. Ce n'étaient pas des mots pour caresser mon égo mais plutôt ce que j'avais besoin d'entendre à ce moment. Ensuite, la décision me revenait et je n'ai pensé qu'à une seule chose : si ça se passait bien, j'aurais peut-être une partie des réponses que je cherchais, et si ça se passait mal, ce n'était pas grave car au moins j'aurais tenté.

Geoffrey, à la fin de ce long monologue, saisit l'occasion pour aborder un sujet annexe :
- Et avec tout ce qui s'est passé, qu'est-ce qui a fait que vous avez approché Quentin à la fin de votre parcours ?
- Je dirais que c'est une sorte d'attirance et pas dans le sens que vous croyez. Je m'explique : quand j'ai fini mon aventure et rencontré mon moi du passé, j'ai senti une libération et une sorte de paix m'envahir temporairement. Cette sensation est indescriptible tellement c'était un moment spécial et j'étais dans un état d'apaisement total. J'avais envie de me poser au wagon restaurant et de profiter du paysage pour « étendre » ce moment d'apaisement, et j'ai vu Quentin. A ce moment, je n'aurais habituellement pas accordé d'attention mais Quentin était différent et il m'intriguait, on aurait dit qu'il recherchait quelque chose et cela a piqué ma curiosité. Je me suis dit que vu que j'avais réussi à avoir des réponses, je pouvais laisser cette curiosité me guider et le rencontrer.
- Et vous Quentin, qu'avez-vous ressenti lorsqu'on vous a approché comme l'a fait Hassan ?
- Au départ j'étais dans mes premiers élans, je ne me laissais pas tellement approcher, et puis je suis assez solitaire de base, ensuite je me suis plus ouvert à

l'autre par rapport aux circonstances du train, qui m'ont rendu davantage disponible. Et c'est après avoir déjà mené ma petite aventure dans le train, qu'Hassan est intervenu, et à ce moment je me sentais en toute réceptivité. Et c'est ainsi que la suite de l'aventure s'est passée avec plus de fluidité.

- Et cette rencontre vous a-t-elle aidé pour votre épreuve suprême ?

- C'est venu comme cela devait venir.

- En parlant de lumière et d'ombre, Malika que pouvez-vous dire sur ce discours qui a aidé les gens du train ? Avant de le faire, vous pensiez que vous en étiez capable ?

- Vous faites bien de parler d'ombre et de lumière… Avant cette aventure, je vivais tapie dans l'ombre de mes incertitudes, je ne savais pas quelle direction donner à ma vie ni comment faire un pas vers les autres ; accepter d'être vue par les autres c'était accepter d'être jugée, et je vous avoue que c'était trop m'en demander avant le discours. Lorsque j'ai rédigé ma lettre, je me suis retrouvée avec moi-même, j'ai traversé le temps en remettant la lumière sur la personne que j'ai été et que je suis, j'ai accepté et aimé cette personne. A partir de ce moment-là, j'ai su accueillir ma part de lumière et en diffuser une partie aux autres.

- Et qu'ont apporté tous ces événements à la jeune Malika ?

- Hum, tellement de choses, à commencer par deux amis extraordinaires et une belle rencontre avec moi-même.

- J'aurais encore beaucoup de questions à vous poser mais je ne voudrais pas monopoliser ce podcast.

- Eh bien vu le nombre de questions que vous avez

posé, je pense qu'il est difficile de vous arrêter, répliqua Geoffrey, mais on va vous laisser une dernière question avant de terminer cette session de questions/réponses.
- Merci, alors ma dernière question : comme vous ne saviez pas où vous alliez, avez-vous réussi à aller loin ensemble ?
Là, un long silence s'installa, cette question était bien trop précise pour que n'importe qui la pose. Kevin tenta de ne pas laisser ce blanc s'éterniser :
- Je crois que la question n'est peut-être pas assez précise.
- Oh je pense que cette question est on ne peut plus précise mais la réponse, elle, demande une réflexion complexe. Sur ce, je dois vous laisser sur cette question mais je serai enchanté d'écouter la réponse dans le replay.

Avant même que Kevin et Geoffrey ne puissent le retenir, il quitta l'appel.
- Euh je vous avoue que je suis un peu étonné qu'il parte aussi vite.
- C'est lui ! S'écria Quentin.
- Oui je suis d'accord, rétorqua Hassan.
Malika acquiesça. Les deux présentateurs les regardèrent l'air circonspect:
- Lui ? Vous parlez de qui ? demanda Kevin.
- Je n'ai pas remarqué au début sa voix, mais je pense qu'il y a de fortes chances que le vieil homme de notre histoire soit celui du coup de fil que vous avez reçu, dit Hassan.
- Le vieil homme ? Celui que vous avez tous les trois rencontré ? demanda Geoffrey.
- Oui, on dirait un peu qu'il est venu pour finir la

boucle. Un sourire s'esquissa sur les visages de nos trois compères.

- Nous vous laissons un dernier petit mot pour conclure, si vous pouviez dire une chose à nos auditeurs ce serait… ?

- [Les 3] Et vous, qu'attendez-vous pour vous lancer dans la quête de vous-même ?

www.ingramcontent.com/pod-product-compliance
Lightning Source LLC
LaVergne TN
LVHW010554160826
845677LV00013B/3124

* 9 7 9 8 3 6 2 4 3 7 8 3 1 *